NCS
서울주택도시공사

직업기초능력평가 : 실력평가 모의고사

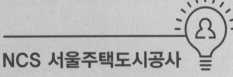

NCS 서울주택도시공사

직업기초능력평가 : 실력평가 모의고사

초판 인쇄		2022년 6월 29일
초판 발행		2022년 7월 1일

편 저 자	ǀ	취업적성연구소
발 행 처	ǀ	㈜서원각
등록번호	ǀ	1999-1A-107호
주 소	ǀ	경기도 고양시 일산서구 덕산로 88-45(가좌동)
교재주문	ǀ	031-923-2051
팩 스	ǀ	031-923-3815
교재문의	ǀ	카카오톡 플러스 친구[서원각]
영상문의	ǀ	070-4233-2505
홈페이지	ǀ	www.goseowon.com
책임편집	ǀ	김수진
디 자 인	ǀ	김한울

우리나라 기업들은 1960년대 이후 현재까지 비약적인 발전을 이루었다. 이렇게 급속한 성장을 이룰 수 있었던 배경에는 우리나라 국민들의 근면성 및 도전정신이 있었다. 그러나 빠르게 변화하는 세계 경제의 환경에 적응하기 위해서는 근면성과 도전정신 이외에 또 다른 성장 요인이 필요하다.

최근 많은 공사·공단은 직무 관련성에 대한 고려 없이 인·적성, 지식 중심으로 치러지던 기존의 필기전형에서 탈피하여, 직업기초능력과 직무수행능력을 측정하기 위한 직업기초능력평가, 직무수행능력평가 등을 도입하고 있다.

본서는 서울주택도시공사 채용에 대비하기 위한 필독서로, 공사의 출제 스타일을 반영한 모의고사 형태로 구성하여 수험생들이 단기간에 최상의 학습 효율을 얻을 수 있도록 하였다.

합격을 향해 고군분투하는 당신에게 힘이 되는 교재가 되기를 바라며 달려가는 그 길을 서원각이 진심으로 응원합니다.

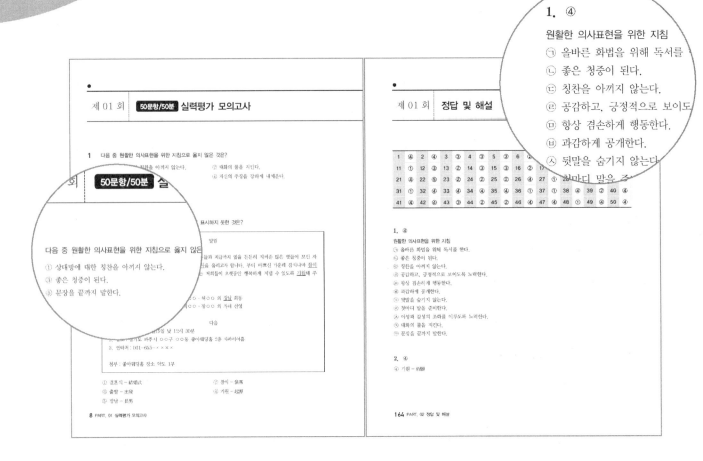

1. ④

원활한 의사표현을 위한 지침

㉠ 올바른 화법을 위해 독서를

㉡ 좋은 청중이 된다.

㉢ 칭찬을 아끼지 않는다.

㉣ 공감하고, 긍정적으로 보이도

㉤ 항상 겸손하게 행동한다.

㉥ 과감하게 공개한다.

㉦ 뒷말을 숨기지 않는다

실력평가 모의고사

실제 시험과 동일한 유형의 모의고사를
5회분 수록하여 충분한 문제풀이를 통한
효과적인 학습이 가능하도록 하였습니다.

정답 및 해설

정·오답에 대한 명쾌한 해설과 관련 이
론을 간략하게 담아 효율적이고 확실한
학습이 가능하도록 하였습니다.

1 실력평가 모의고사

2 정답 및 해설

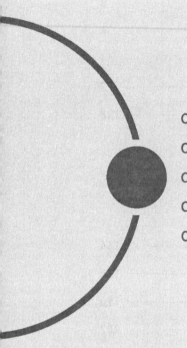

PART

01

실력평가 모의고사

1 다음 중 원활한 의사표현을 위한 지침으로 옳지 않은 것은?

① 상대방에 대한 칭찬을 아끼지 않는다.　② 대화의 룰을 지킨다.

③ 좋은 청중이 된다.　④ 자신의 주장을 강하게 내세운다.

⑤ 문장을 끝까지 말한다.

2 다음 청첩장의 밑줄 친 용어를 한자로 바르게 표시하지 못한 것은?

> 알림
>
> 　그동안 저희를 아낌없이 돌봐주신 여러 어른들과 지금까지 옆을 든든히 지켜준 많은 벗들이 모인 자리에서 저희 두 사람이 작지만 아름다운 <u>결혼식</u>을 올리고자 합니다. 부디 바쁘신 가운데 잠시나마 <u>참석</u>하시어 자리를 빛내주시고 새로운 <u>출발</u>을 하는 저희들이 오랫동안 행복하게 지낼 수 있도록 <u>기원</u>해 주시기 바랍니다.
>
> 고○○ · 허○○ 의 <u>장남</u> 희동
> 박○○ · 장○○ 의 차녀 선영
>
> 다음
>
> 1. 일시 : 2015년 10월15일 낮 12시 30분
> 2. 장소 : 경기도 파주시 ○○구 ○○동 좋아웨딩홀 2층 사파이어홀
> 3. 연락처 : 031-655-××××
>
> 첨부 : 좋아웨딩홀 장소 약도 1부

① 결혼식 – 結婚式　② 참석 – 參席

③ 출발 – 出發　④ 기원 – 起源

⑤ 장남 – 長男

3 중의적 표현에 대한 다음 설명을 참고할 때, 구조적 중의성의 사례가 아닌 것은?

> 중의적 표현(중의성)이란 하나의 표현이 두 가지 이상의 의미로 해석되는 표현을 일컫는다. 그 특징은 해학이나 풍자 등에 활용되며, 의미의 다양성으로 문학 작품의 예술성을 높이는 데 기여한다. 하지만 의미해석의 혼동으로 인해 원활한 의사소통에 방해를 줄 수도 있다.
>
> 이러한 중의성은 어휘적 중의성과 구조적 중의성으로 크게 구분할 수 있다. 어휘적 중의성은 다시 세 가지 부류로 나누는 데 첫째, 다의어에 의한 중의성이다. 다의어는 의미를 복합적으로 가지고 있는데, 기본 의미를 가지고 있는 동시에 파생적 의미도 가지고 있어서 그 어휘의 기본적 의미가 내포되어 있는 상태에서 다른 의미로도 쓸 수 있다. 둘째, 어휘적 중의성으로 동음어에 의한 중의적 표현이 있다. 동음어에 의한 중의적 표현은 순수한 동음어에 의한 중의적 표현과 연음으로 인한 동음이의어 현상이 있다. 셋째, 동사의 상적 속성에 의한 중의성이 있다.
>
> 구조적 중의성은 문장의 구조 특성으로 인해 중의성이 일어나는 것을 말하는데, 이러한 중의성은 수식 관계, 주어의 범위, 서술어와 호응하는 논항의 범위, 수량사의 지배범위, 부정문의 지배범주 등에 의해 일어난다.

① 나이 많은 길동이와 을순이가 결혼을 한다.

② 그 녀석은 나와 아버지를 만났다.

③ 영희는 친구들을 기다리며 장갑을 끼고 있었다.

④ 그녀가 보고 싶은 친구들이 참 많다.

⑤ 그건 오래 전부터 아끼던 그녀의 선물이다.

┃4-6┃ 다음 글을 읽고 물음에 답하시오.

우리나라 옛 문헌에 따르면 거북 또는 남생이는 '귀'라 하고 자라는 '별'이라 칭하였다. 또한 문학작품이나 문헌에서 현의독우·현령성모·원서·청강사자·강사·동현선생·녹의여자·옥령부자·현부·현갑·장류 등과 같은 표현이 나오는데 이는 모두 거북 또는 남생이를 일컫는다.

거북은 세계적으로 12과 240종이 알려져 있고 우리나라에서는 바다거북, 장수거북, 남생이, 자라 등 총 4종이 알려져 있는데 앞의 2종은 해산대형종이고 뒤의 2종은 담수산소형종이다. 거북목(目)의 동물들은 모두 몸이 짧고 등껍질과 배 껍질로 싸여 있으며 양턱은 부리 모양을 이루고 각질의 집으로 싸여 있다. 또한 이빨은 없고 눈꺼풀이 있으며 목은 8개의 목등뼈를 가지고 있어 보통 껍질 속을 드나들 수 있다. 다리는 기본적으로는 오지형으로 되어 있다. 서식지로는 온대·열내의 육상·민물·바다 등에서 사는데 산란은 물에서 사는 것도 육상으로 올라와 한다.

「규합총서」에서 "자라찜을 왕비탕이라 하는데 매우 맛이 좋다. 벽적(뱃속에 뭉치 같은 것이 생기는 병)에 성약이나 그 배에 王자가 있어 그냥 고기와 같지 않고 또 예전에 자라를 살려주고 보은을 받았다는 말이 전하니 먹을 것이 아니다. 비록 「맹자」에 물고기와 자라가 하도 많아 이루 다 먹을 수가 없었다는 말이 있으나 역시 먹지 않는 것이 좋다."라고 한 것으로 보아 식용되고는 있었으나 약이성 식품으로 사용된 듯하다.

거북은 오래 산다는 의미에서 <u>십장생</u> 중 하나에 들어갔으며 민화의 소재로도 많이 사용되었고 용이나 봉황과 함께 상서로운 동물로도 인식되었다. 그리하여 집을 짓고 상량할 때 대들보에 '하룡'·'해귀'라는 문자를 써 넣기도 했고 귀뉴라 하여 손잡이 부분에 거북 모양을 새긴 인장을 사용하기도 했으며 귀부라 하여 거북 모양으로 만든 비석의 받침돌로도 이용되었다. 또한 동작이 느린 동물로서 많은 이야기의 소재가 되기도 하였다.

대표적인 예로 「삼국유사」 가락국기에는 <구지가>라는 노래가 한역되어 수록되어 있는데 여기서 거북은 가락국의 시조인 수로왕을 드러내게 하는 동물로 등장하고 같은 책의 수로부인조(條)에도 〈해가〉라는 노래가 들어 있다. 이 노래에서도 역시 거북은 바다로 납치된 수로부인을 나오도록 하는 동물로 나타난다.

그리고 옛날 중국에서는 하나라의 우임금이 치수를 할 때 낙수에서 나온 거북의 등에 마흔다섯 점의 글씨가 있었다고 하는데 이를 '낙서'라 하여 '하도'와 함께 「주역」의 근본이 되었다는 기록도 있다. 이 외에도 중국의 초기문자인 갑골문 또한 거북의 등에 기록된 것으로 점을 칠 때 쓰였는데 오늘날에도 '거북점'이라는 것이 있어 귀갑을 불에 태워 그 갈라지는 금을 보고 길흉을 판단한다. 이처럼 거북은 신령스러운 동물로서 우리나라뿐 아니라 동양 일대에서 신성시하던 동물이었다.

4 다음 중 옳지 않은 것은?

① 우리나라에서는 예부터 거북목(目)의 한 종류인 자라를 식용 및 약용으로 사용하기도 하였다.

② 옛 문헌의 기록으로 말미암아 거북은 고대 우리 민족에게 수신이나 주술매체의 동물로서 인식되었다.

③ 거북은 세계적으로 많은 종이 있는데 바다거북·장수거북·남생이·자라 등 4종은 우리나라에서만 서식하는 고유종이다.

④ 거북은 동양 일대에서 용이나 봉황과 함께 상서로운 동물로 인식되었으며 특히 중국에서는 거북의 등을 이용하여 점을 치기도 하였다.

⑤ 오늘날에도 거북점을 통해 길흉을 판단한다.

5 다음 문학작품 중 거북과 관련이 없는 것은?

① 귀토지설　　　　　　　　② 청강사자현부전

③ 죽부인전　　　　　　　　④ 별주부전

⑤ 토생원전

6 다음 중 밑줄 친 '십장생'에 속하지 않는 것은?

① 대나무　　　　　　　　　② 바람

③ 소나무　　　　　　　　　④ 사슴

⑤ 거북

|7-8| 다음 글을 읽고 물음에 답하시오.

빗살무늬토기를 사용하던 당시에 간돌도끼는 편평하고 길쭉한 자갈돌을 다듬은 뒤 인부(날 부분)만을 갈아서 사용하였다. 빗살무늬토기문화인들에 뒤이어 한반도의 새로운 주민으로 등장한 민무늬토기문화인들은 간석기를 더욱 발전시켜 사용했는데, 이 시기에는 간돌도끼도 인부만이 아닌 돌 전체를 갈아 정교하게 만들어서 사용하였다.

또한 ㉠빗살무늬토기시대의 간돌도끼는 '도끼'(현대 도끼와 같이 날이 좌우 대칭인 것)와 '자귀'(현대의 자귀 또는 끌처럼 날이 비대칭인 것)의 구분 없이 혼용되었으나 민무늬토기시대에는 '도끼'와 '자귀'를 따로 만들어서 사용하였다.

도끼는 주로 요즈음의 도끼와 마찬가지로 벌목·절단·절개의 용도로 사용된 반면, 자귀는 요즈음의 끌이나 자귀처럼 나무껍질을 벗기거나 재목을 다듬는 가공구로 사용되었다. ㉡민무늬토기시대의 간돌도끼는 용도별로 재료·크기·무게·형태를 달리하여 제작되었으며, 전투용보다는 공구용이 압도적이었다.

종류는 크게 양인석부(양날도끼)와 단인석부(외날도끼)로 구분된다. 양인석부는 부신의 형태에 따라 편평·원통·사각석부 등으로 나뉘고, 단인석부는 길쭉한 주상석부와 납작하고 네모난 '대팻날'로 나뉜다. ㉢우리나라의 대표적인 주먹도끼문화는 전곡리의 구석기문화에서 발견되는데 1979년부터 발굴이 시작된 전곡리 유적은 경기도 연천군 전곡리의 한탄강변에 위치하고 있으며 이 유적은 야외유적으로 이곳에서 구석기인들이 석기도 제작한 흔적이 발견되었다.

충청도·전라도 지역과 같은 평야지대에서는 소형의 석부가 많이 나타나고, 도끼용보다는 자귀용의 목공구가 우세한 반면, 강원도에서는 대형의 석부가 많이 나타나고 도끼류가 우세하다. ㉣간돌도끼는 청동도끼가 들어온 뒤에도 줄지 않고 상용되었으며, 서기 전 2세기 말 무렵에 중국에서 한나라 식 철제도끼가 보급되면서 급격히 소멸되었다.

---

7 다음 중 옳지 않은 것은?

① 간돌도끼는 빗살무늬토기시대 때는 도끼와 자귀 구분 없이 사용되었다가 민무늬토기시대로 오면서 따로 만들어 사용하게 되었다.

② 간돌도끼는 돌을 갈아서 사용한 것으로 흔히 타제석부라고도 부른다.

③ 민무늬토기시대의 간돌도끼는 용도별로 다양하게 제작되었는데 그 중에서도 특히 공구용으로 많이 제작되었다.

④ 충청도나 전라도 지역에서 발굴된 간돌도끼 유물들은 소형으로 도끼보다 자귀용과 같은 목공구가 대부분을 차지한다.

⑤ 간돌도끼는 청동도끼가 들어온 후에도 사용되었다.

8 위 글의 밑줄 친 ⊙~@ 중 내용상 흐름과 관련 없는 문장은?

① ⊙

② ⓒ

③ ⓒ

④ @

⑤ 없음

9 다음은 광고회사에 다니는 甲이 '광고의 표현 요소에 따른 전달 효과'라는 주제로 발표한 발표문이다. 甲이 활용한 매체 자료에 대한 설명으로 적절하지 않은 것은?

저는 오늘 광고의 표현 요소에 따른 전달 효과에 대해 말씀드리겠습니다. 발표에 앞서 제가 텔레비전 광고 한 편을 보여 드리겠습니다. (광고를 보여 준 후) 의미가 강렬하게 다가오지 않나요? 어떻게 이렇게 짧은 광고에서 의미가 잘 전달되는 것일까요?

광고는 여러 가지 표현 요소를 활용하여 효과적으로 의미를 전달합니다.

이러한 요소에는 음향, 문구, 사진 등이 있습니다. 이 중 우리 반 학생들은 어떤 요소가 가장 전달 효과가 높다고 생각하는지 설문 조사를 해 보았는데요, 그 결과를 그래프로 보여 드리겠습니다. 3위는 음향이나 음악 같은 청각적 요소, 2위는 광고 문구, 1위는 사진이나 그림 같은 시각적 요소였습니다. 그래프로 보니 1위의 응답자 수가 3위보다 두 배가량 많다는 것을 한눈에 볼 수 있네요. 그러면 각 요소의 전달 효과에 대해 살펴볼까요?

먼저 청각적 요소의 효과를 알아보기 위해 음향을 들려 드리겠습니다. (자동차 엔진 소리와 급정거 소음, 자동차 부딪치는 소리) 어떠세요? 무엇을 전달하려는지 의미는 정확하게 알 수 없지만 상황은 생생하게 느껴지시지요?

이번에는 광고 문구의 효과에 대해 설명드리겠습니다. 화면에 '안전띠를 매는 습관, 생명을 지키는 길입니다.'라고 쓰여 있네요. 이렇게 광고 문구는 우리에게 광고의 내용과 의도를 직접적으로 전달해 줍니다.

끝으로 시각적 요소의 효과에 대해 설명드리겠습니다. 이 광고의 마지막 장면은 포스터로도 제작되었는데요. 이 포스터를 함께 보시지요. 포스터를 꽉 채운 큰 한자는 '몸 신' 자네요. 마지막 획을 안전띠 모양으로 만들어서 오른쪽 위에서 왼쪽 아래까지 '몸 신' 자 전체를 묶어 주고 있는 것이 보이시죠? 이 포스터는 안전띠가 몸을 보호해 준다는 의미를 참신하고 기발하게 표현한 것입니다. 이렇게 광고를 통해 전달하려는 의도가 시각적 이미지로 표현될 때 더 인상적으로 전달됨을 알 수 있습니다.

여러분도 인터넷에서 다른 광고들을 찾아 전달 효과를 분석해 보시기 바랍니다. 이상 발표를 마치겠습니다.

① 동영상을 활용하여 청중의 흥미를 유발하고 있다.

② 그래프를 활용하여 설문 조사 결과를 효과적으로 제시하고 있다.

③ 음향을 활용하여 광고 속 상황을 실감이 나도록 전달하고 있다.

④ 포스터를 활용하여 시각적 요소의 효과에 대해 설명하고 있다.

⑤ 인터넷을 활용하여 다양한 자료 검색 방법을 알려 주고 있다.

10 영수가 편의점에서 반 친구들에게 나눠 줄 핫도그와 햄버거를 구매하려고 한다. 핫도그는 1,500원이고 햄버거는 3,000원이며, 핫도그 수는 햄버거 수의 3배이고, 모두 30,000원을 지불했다면 구입한 햄버거는 몇 개인가?

① 1개   ② 2개
③ 3개   ④ 4개
⑤ 5개

11 집에서 공원까지 시속 4km로 걸어서 가는 것과 시속 20km로 전기 자전거를 타고 가는 것은 1시간의 차이가 난다고 한다. 이 때 집과 공원 사이의 거리로 옳은 것은?

① 5km   ② 6km
③ 7km   ④ 8km
⑤ 9km

12 A사는 1억 원을 투자하여 연간 15%의 수익률을 올리는 것을 목표로 새로운 택배서비스를 시작하였다. 이때, 택배서비스의 목표수입가격은 얼마가 적당한가? (단, 예상 취급량 30,000개/연, 택배서비스 취급원가 1,500원/개)

① 1,000원   ② 1,500원
③ 2,000원   ④ 2,500원
⑤ 3,000원

13 어느 인기 그룹의 공연을 준비하고 있는 기획사는 다음과 같은 조건으로 총 1,500장의 티켓을 판매하려고 한다. 티켓 1,500장을 모두 판매한 금액이 6,000만 원이 되도록 하기 위해 판매해야 할 S석 티켓의 수를 구하면?

㈎ 티켓의 종류는 R석, S석, A석 세 가지이다.

㈏ R석, S석, A석 티켓의 가격은 각각 10만 원, 5만 원, 2만 원이고, A석 티켓의 수는 R석과 S석 티켓의 수의 합과 같다.

---

① 450장

② 600장

③ 750장

④ 900장

⑤ 1,050장

14 다음은 X공기업의 팀별 성과급 지급 기준이다. Y팀의 성과평가 결과가 〈보기〉와 같다면 3/4 분기에 지급되는 성과급은?

- 성과급 지급은 성과평가 결과와 연계함
- 성과평가는 유용성, 안전성, 서비스 만족도의 총합으로 평가함. 단, 유용성, 안전성, 서비스 만족도의 가중치를 각각 0.4, 0.4, 0.2로 부여함
- 성과평가 결과를 활용한 성과급 지급 기준

성과평가 점수	성과평가 등급	분기별 성과급 지급액	비고
9.0 이상	A	100만 원	성과평가 등급이 A이면 직전 분기 차감액의 50%를 가산하여 지급
8.0 이상 9.0 미만	B	90만 원(10만 원 차감)	
7.0 이상 8.0 미만	C	80만 원(20만 원 차감)	
7.0 미만	D	40만 원(60만 원 차감)	

〈보기〉

구분	1/4 분기	2/4 분기	3/4 분기	4/4 분기
유용성	8	8	10	8
안전성	8	6	8	8
서비스 만족도	6	8	10	8

① 130만 원
② 120만 원
③ 110만 원
④ 100만 원
⑤ 90만 원

|15-17| 다음은 골프장 네 곳에 등록된 회원들의 지역별 구성 비율을 조사한 자료이다. 물음에 답하시오. (단, 가장 오른쪽은 각 골프장에 등록된 전체 회원 수가 네 골프장의 회원 총수에서 차지하는 비율이다)

구분	서울	경기	충청	강원	각 지점/전 지점
A	20%	30%	40%	10%	30%
B	30%	20%	10%	40%	40%
C	10%	40%	30%	20%	10%
D	40%	10%	20%	30%	20%
전 지점	30%	( )	( )	10%	100%

15 각 골프장에서 경기 지역 회원의 수는 회원 총수의 몇 %인가?

① 21%   ② 22%

③ 23%   ④ 24%

⑤ 25%

16 A 골프장의 회원 수를 5년 전과 비교했을 때 강원 지역의 회원 수는 절반으로 감소했고 경기와 충청 지역의 회원 수는 2배로 증가했으며 그 외는 변동이 없었다. 그렇다면 5년 전 서울 지역 회원 수의 비율은? (단, A 골프장의 올해 회원의 수는 300명이다)

① 약 23.1%   ② 약 26.6%

③ 약 29.4%   ④ 약 31.2%

⑤ 약 33.4%

17 D 골프장의 강원 지역 회원 수가 200명일 때 A 골프장의 강원 지역 회원 수는?

① 100명   ② 200명

③ 300명   ④ 400명

⑤ 500명

18 다음은 2017년부터 2021년까지의 전국 국립고등학교 앞에 설치된 CCTV(수동식, 조종식, 자동식)와 청소년 쉼터에 관한 표이다. 2016년의 CCTV의 수가 3,100개였다고 할 때, 2017년에서 2021년까지 중 전년대비 CCTV의 수가 가장 많이 증가한 해를 고르시오.

(단위 : 대, 소)

구분＼연도	2017	2018	2019	2020	2021
CCTV(수동)	10	9	9	8	3
CCTV(조종)	1538	1410	1392	1125	1009
CCTV(자동)	1562	1541	1670	1850	1981
청소년 쉼터	557	577	537	510	610

① 2017년 ② 2018년
③ 2019년 ④ 2020년
⑤ 2021년

19 연중 가장 무더운 8월의 어느 날 우진이는 여자친구, 두 명의 조카들과 함께 서울고속버스터미널에서 출발하여 부산고속버스터미널까지 가는 왕복 프리미엄 고속버스로 휴가를 떠나려고 한다. 이 때 아래에 나타난 자료 및 조건을 토대로 우진이와 여자친구, 조카들의 프리미엄 고속버스의 비용을 구하면?

〈조건〉
• 조카 1(남 : 만 3세)
• 조카 2(여 : 만 6세)
• 서울에서 부산으로 가는 동안(하행선) 조카 1은 우진이의 무릎에 앉아서 가며, 반대로 부산에서 서울로 올라올 시(상행선)에는 좌석을 지정해서 간다.

〈자료〉
1. 서울－부산 간 프리미엄 고속버스 운임요금은 37,000원이다.
2. 만 4세 미만은 어른 요금의 75%를 할인 받는다.
3. 만 4~6세 사이는 어른 요금의 50%를 할인 받는다.
4. 만 4세 미만의 경우에는 승차권을 따로 구매하지 않고 해당 보호자와 함께 동승이 가능하다.

① 162,798원 ② 178,543원
③ 194,250원 ④ 205,840원
⑤ 231,980원

20 K지점으로부터 은행, 목욕탕, 편의점, 미용실, 교회 건물이 각각 다음과 같은 조건에 맞게 위치해 있다. 모두 K지점으로부터 일직선상에 위치해 있다고 할 때, 다음 설명 중 올바른 것은 어느 것인가? (언급되지 않은 다른 건물은 없다고 가정한다)

- K지점으로부터 50m 이상 떨어져 있는 건물은 목욕탕, 미용실, 은행이다.
- 목욕탕과 교회 건물 사이에는 편의점을 포함한 2개의 건물이 있다.
- 5개의 건물은 각각 K지점에서 15m, 40m, 60m, 70m, 100m 떨어진 거리에 있다.

① 목욕탕과 편의점과의 거리는 40m이다.
② 연이은 두 건물 간의 거리가 가장 먼 것은 은행과 편의점이다.
③ 미용실과 편의점의 사이에는 1개의 건물이 있다.
④ K지점에서 미용실이 가장 멀리 있다면 은행과 교회는 45m 거리에 있다.
⑤ K지점에서 미용실이 가장 멀리 있다면 교회와 목욕탕과의 거리는 편의점과 미용실과의 거리보다 멀다.

21 다음으로부터 바르게 추론한 것을 보기에서 고르면?

- 5개의 갑, 을, 병, 정, 무 팀이 있다.
- 현재 '갑'팀은 0개, '을'팀은 1개, '병'팀은 2개, '정'팀은 2개, '무'팀은 3개의 프로젝트를 수행하고 있다.
- 8개의 새로운 프로젝트 a, b, c, d, e, f, g, h를 5개의 팀에게 분배하려고 한다.
- 5개의 팀은 새로운 프로젝트 1개 이상을 맡아야 한다.
- 기존에 수행하던 프로젝트를 포함하여 한 팀이 맡을 수 있는 프로젝트 수는 최대 4개이다.
- 기존의 프로젝트를 포함하여 4개의 프로젝트를 맡은 팀은 2팀이다.
- 프로젝트 a, b는 한 팀이 맡아야 한다.
- 프로젝트 c, d, e는 한 팀이 맡아야 한다.

─── 〈보기〉 ───

㉠ a를 '을'팀이 맡을 수 없다.
㉡ f를 '갑'팀이 맡을 수 있다.
㉢ 기존에 수행하던 프로젝트를 포함해서 2개의 프로젝트를 맡는 팀이 있다.

① ㉠   ② ㉡
③ ㉢   ④ ㉠㉢
⑤ ㉡㉢

22-23 다음 〈표〉는 동일한 산업에 속한 기업 중 A, B, C, D, E의 경영현황과 소유구조에 관한 자료이고, 〈정보〉는 기업 A, B, C, D, E의 경영현황에 대한 설명이다. 이를 보고 이어지는 질문에 답하시오.

〈표 1〉 경영현황

(단위 : 억 원)

기업	자기자본	자산	매출액	순이익
ⓐ	500	1,200	1,200	48
ⓑ	400	600	800	80
ⓒ	1,200	2,400	1,800	72
ⓓ	600	1,200	1,000	36
ⓔ	200	800	1,400	28
산업 평균	650	1,500	1,100	60

〈표 2〉 소유구조

(단위 : %, 명, 천주, 억 원)

구분\기업	대주주 지분율	대주주 주주수	소액주주 지분율	소액주주 주주수	기타주주 지분율	기타주주 주주수	총발행 주식수	시가 총액
ⓐ	40	3	40	2,000	20	20	3,000	900
ⓑ	20	1	50	2,500	30	30	2,000	500
ⓒ	50	2	20	4,000	30	10	10,000	500
ⓓ	30	2	30	3,000	40	10	1,000	600
ⓔ	15	5	40	8,000	45	90	5,000	600

※ 해당 주주의 지분율(%) $= \dfrac{\text{해당 주주의 보유주식수}}{\text{총발행주식수}} \times 100$

시가총액＝1주당 가격×총발행주식수

해당 주주의 주식시가평가액＝1주당 가격×해당 주주의 보유주식수

전체 주주는 대주주, 소액주주, 기타주주로 구성함

〈정보〉
• C의 매출액은 산업 평균 매출액보다 크다.
• A의 자산은 E의 자산의 70% 미만이다.
• D는 매출액 순위와 순이익 순위가 동일하다.
• 자기자본과 산업 평균 자기자본의 차이가 가장 작은 기업은 B이다.

22 위의 〈표〉와 〈정보〉의 내용을 근거로 자산대비 매출액 비율이 가장 낮은 기업과 가장 높은 기업을 바르게 나열한 것은?

	가장 낮은 기업	가장 높은 기업
①	B	C
②	D	A
③	D	C
④	E	B
⑤	E	C

23 위 〈표〉의 내용을 근거로 〈보기〉의 설명 중 옳은 것만을 모두 고른 것은?

― 〈보기〉 ―

㉠ 소액주주수가 가장 작은 기업에서 기타주주의 1인당 보유주식수는 30,000주이다.

㉡ 전체 주주수는 ⓔ가 ⓒ보다 적다.

㉢ ⓑ의 대주주의 보유주식수는 400,000주이다.

㉣ 기타주주 주식시가평가액의 합은 ⓐ가 ⓓ보다 크다.

① ㉠㉡

② ㉠㉢

③ ㉠㉣

④ ㉡㉣

⑤ ㉢㉣

24 다음 자료를 참고할 때 올바르지 않은 설명은?

<國家別 물 사용량 계산구조>

(단위 : 억m³/년)

국가명	일반적 물 사용량	Internal water footprint	External water footprint	water footprint
쿠웨이트	3	3	19	22
일본	544	519	942	1,461
한국	231	210	342	552
프랑스	1,165	691	411	1,102
미국	7,495	5,658	1,302	6,960
중국	8,932	8,259	574	8,834
인도	10,127	9,714	160	9,874

*Water footprint=Internal water footprint+External water footprint

*물 자급률=Internal water footprint÷Water footprint×100

*물 수입률=External water footprint÷Water footprint×100

*국내 자급기준 물 증가량=Water footprint−일반적 물 사용량

① 물 자급률은 쿠웨이트가 일본보다 낮다.

② 인도는 물 사용량이 가장 많아 물 수입률이 가장 높다.

③ 물 자급률은 인도가 미국보다 높다.

④ 국내 자급기준 물 증가량은 일본이 가장 높다.

⑤ 국내 자급기준 물 증가량이 마이너스인 국가는 네 개다.

25 다음 제시문을 읽고 바르게 추론한 것을 〈보기〉에서 모두 고른 것은?

  A회사에서는 1,500명의 소속직원들이 마실 생수를 구입하기로 하였다. 모든 조건이 동일한 두 개의 생수회사가 최종 경쟁을 하게 되었다. 구입 담당자는 직원들에게 시음하게 하여 직원들이 가장 좋아하는 생수를 선정하고자 하였다. 다음과 같은 절차를 통하여 구이 담당자가 시음회를 주관하였다.

- 직원들로부터 더 많이 선택 받은 생수회사를 최종적으로 선정한다.
- 생수 시음회 참여를 원하는 직원을 대상으로 신청자를 접수하고 그 중 남자 15명과 여자 15명을 무작위로 선정하였다.
- 두 개의 컵을 마련하여 하나는 1로 표기하고 다른 하나는 2로 표기하여 회사이름을 가렸다.
- 참가직원들은 1번 컵의 생수를 마신 후 2번 컵의 생수를 마시고 둘 중 어느 쪽을 선호하는지 표시하였다.

〈보기〉

㉠ 참가자들이 특정 번호를 선호할 가능성을 고려하지 못하였다.
㉡ 참가자가 무작위로 선정되었으므로 전체 직원에 대한 대표성이 확보되었다.
㉢ 참가자의 절반은 2번 컵을 먼저 마시고 1번 컵을 나중에 마시도록 했어야 한다.
㉣ 우리나라의 남녀 비율이 50대 50이므로 남자직원과 여자직원을 동수로 뽑은 것은 적절하였다.

---

① ㉠㉡ ② ㉠㉢

③ ㉡㉢ ④ ㉡㉣

⑤ ㉢㉣

26 빨간색, 파란색, 노란색 구슬이 각각 한 개씩 있다. 이 세 개의 구슬을 A, B, C 세 사람에게 하나씩 나누어 주고, 세 사람 중 한 사람만 진실을 말하도록 하였더니 구슬을 받고 난 세 사람이 다음과 같이 말하였다.

> A : 나는 파란색 구슬을 가지고 있다.
> B : 나는 파란색 구슬을 가지고 있지 않다.
> C : 나는 노란색 구슬을 가지고 있지 않다.

빨간색, 파란색, 노란색의 구슬을 받은 사람을 차례대로 나열한 것은?

① A, B, C
② A, C, B
③ B, A, C
④ C, B, A
⑤ C, A, B

27 지하철 10호선은 총 6개의 주요 정거장을 경유한다. 주어진 조건이 다음과 같을 경우, C가 4번째 정거장일 때, E 바로 전의 정거장이 될 수 있는 것은?

> • 지하철 10호선은 순환한다.
> • 주요 정거장을 각각 A, B, C, D, E, F라고 한다.
> • E는 3번째 정거장이다.
> • B는 6번째 정거장이다.
> • D는 F의 바로 전 정거장이다.
> • C는 A의 바로 전 정거장이다.

① F
② E
③ D
④ B
⑤ A

28 다음 글에서 나타난 갈등 해결 방법은?

> 갑과 을은 일 처리 방법으로 자주 얼굴을 붉힌다. 갑은 처음부터 끝까지 계획을 따라 일을 진행하려고 하고, 을은 일이 생기면 즉흥적으로 해결하는 성격이다. 같은 회사 동료인 병은 이 둘에게 서로의 성향 차이를 인정할 줄 알아야 한다고 중재를 했고, 이 둘은 어쩔 수 없이 포기하는 것이 아닌 서로간의 차이가 있다는 점을 비로소 인정하게 되었다.

① 사람들과 눈을 자주 마주친다.
② 다른 사람들의 입장을 이해한다.
③ 사람들이 당황하는 모습을 자세하게 살핀다.
④ 자신의 의견을 명확하게 밝히고 지속적으로 강화한다.
⑤ 어려운 문제는 피하지 말고 맞선다.

29 다음 중 높은 성과를 내는 임파워먼트 환경의 특징으로 옳지 않은 것은?

① 도전적이고 흥미 있는 일
② 성과에 대한 압박
③ 학습과 성장의 기회
④ 상부로부터의 지원
⑤ 긍정적인 인간관계

30 다음 중 거만형 불만고객에 대한 대응방안으로 옳은 것은?

① 때로는 책임자로 하여금 응대하게 하는 것도 좋다.
② 의외로 단순한 면이 있으므로 일단 호감을 얻게 되면 득이 될 경우도 있다.
③ 잠자코 고객의 의견을 경청하고 사과를 하는 응대가 바람직하다.
④ 분명한 증거나 근거를 제시하여 스스로 확신을 갖도록 유도한다.
⑤ 이야기를 맞장구치며 추켜세운다.

31 조직구성원들로 하여금 리더에 대한 신뢰를 갖게 하는 카리스마는 물론 조직변화의 필요성을 감지하고 그러한 변화를 이끌어 낼 수 있는 새로운 비전을 제시할 수 있는 능력이 요구되는 리더십을 무엇이라 하는가?

① 변혁적 리더십   ② 거래적 리더십

③ 카리스마 리더십   ④ 서번트 리더십

⑤ 셀프 리더십

32 다음 중 고객만족 조사의 목적으로 옳지 않은 것은?

① 평가목적   ② 고객과의 관계유지 파악

③ 개선목적   ④ 부분적 경향의 파악

⑤ 전체적 경향의 파악

33 다음 사례에서 이 부장이 취할 수 있는 행동으로 적절하지 않은 것은?

> ○○기업에 다니는 이 부장은 최근 경기침체에 따른 회사의 매출부진과 관련하여 근무환경을 크게 변화시키기로 결정하였다. 하지만 그의 부하들은 물론 상사와 동료들조차 이 부장의 결정에 회의적이었고 부정적 시각을 내보였다. 그들은 변화에 소극적이었으며 갑작스런 변화는 오히려 회사의 존립자체를 무너뜨릴 수 있다고 판단하였다. 하지만 이 부장은 갑작스러운 변화가 처음에는 회사를 좀 더 어렵게 할 수 있으나 장기적으로 본다면 틀림없이 회사에 큰 장점으로 작용할 것이라고 확신하고 있었고 여기에는 전 직원의 협력과 노력이 필요하다고 하였다.

① 개방적 분위기를 조성한다.

② 변화의 긍정적 면을 강조한다.

③ 직원의 감정을 세심하게 살핀다.

④ 주관적인 자세를 유지한다.

⑤ 변화에 적응할 시간을 준다.

34 갈등은 다음과 같이 몇 가지 과정을 거치면서 진행되는 것이 일반적인 흐름이라고 볼 때, 빈칸의 ㈎, ㈏, ㈐에 들어가야 할 말을 순서대로 올바르게 나열한 것은?

---

1. 의견 불일치

인간은 다른 사람들과 함께 부딪치면서 살아가게 되는데, 서로 생각이나 신념, 가치관이 다르고 성격도 다르기 때문에 다른 사람들과 의견의 불일치를 가져온다. 많은 의견 불일치는 상대방의 생각과 동기를 설명하는 기회를 주고 대화를 나누다보면 오해가 사라지고 더 좋은 관계로 발전할 수 있지만, 사소한 오해로 인한 작은 갈등이라도 그냥 내버려두면 심각한 갈등으로 발전하게 된다.

2. 대결 국면

의견 불일치가 해소되지 않으면 대결 국면으로 빠져들게 된다. 이 국면에서는 이제 단순한 해결방안은 없고 제기된 문제들에 대하여 새로운 다른 해결점을 찾아야 한다. 일단 대결국면에 이르게 되면 감정이 개입되어 상대방의 주장에 대한 문제점을 찾기 시작하고, 자신의 입장에 대해서는 그럴듯한 변명으로 옹호하면서 양보를 완강히 거부하는 상태에까지 이르게 된다. 즉, (㈎)은(는) 부정하면서 자기주장만 하려고 한다. 서로의 입장을 고수하려는 강도가 높아지면서 서로 간의 긴장은 더욱 높아지고 감정적인 대응이 더욱 격화되어 간다.

3. 격화 국면

격화 국면에 이르게 되면 상대방에 대하여 더욱 적대적인 현상으로 발전해 나간다. 이제 의견일치는 물 건너가고 (㈏)을(를) 통해 문제를 해결하려고 하기 보다는 강압적, 위협적인 방법을 쓰려고 하며, 극단적인 경우에는 언어폭력이나 신체적인 폭행으로까지 번지기도 한다. 상대방에 대한 불신과 좌절, 부정적인 인식이 확산되면서 다른 요인들에까지 불을 붙이는 상황에 빠지기도 한다. 이 단계에서는 상대방의 생각이나 의견, 제안을 부정하고, 상대방은 그에 대한 반격으로 대응함으로써 자신들의 반격을 정당하게 생각한다.

4. 진정 국면

시간이 지나면서 정점으로 치닫던 갈등은 점차 감소하는 진정 국면에 들어선다. 계속되는 논쟁과 긴장이 귀중한 시간과 에너지만 낭비하고 이러한 상태가 무한정 유지될 수 없다는 것을 느끼고 점차 흥분과 불안이 가라앉고 이성과 이해의 원상태로 돌아가려 한다. 그러면서 (㈐)이㈎ 시작된다. 이 과정을 통해 쟁점이 되는 주제를 논의하고 새로운 제안을 하고 대안을 모색하게 된다. 이 단계에서는 중개자, 조정자 등의 제3자가 개입함으로써 갈등 당사자 간에 신뢰를 쌓고 문제를 해결하는데 도움이 되기도 한다.

5. 갈등의 해소

진정 국면에 들어서면 갈등 당사자들은 문제를 해결하지 않고는 자신들의 목표를 달성하기 어렵다는 것을 알게 된다. 물론 경우에 따라서는 결과에 다 만족할 수 없는 경우도 있지만 어떻게 해서든지 서로 일치하려고 한다.

---

① 상대방의 자존심 – 업무 – 침묵
② 제3자의 존재 – 리더 – 반성
③ 조직 전체의 분위기 – 이성 – 의견의 일치
④ 상대방의 입장 – 설득 – 협상
⑤ 자신의 잘못 – 객관적 사실 – 제3자의 역할

35 다음에 제시된 인물의 사례 중 동일한 멤버십 유형으로 구분하기 어려운 한 사람은 누구인가?

① 갑 : 별다른 아이디어가 없으며, 묵묵히 주어진 업무를 수행한다.

② 을 : 조직을 믿고 팀플레이를 하는 데 익숙하다.

③ 병 : 기존의 질서를 따르는 것이 무엇보다 중요하다고 여기며, 리더의 의견을 거스르지 않는다.

④ 정 : 조직의 운영 방침에 민감한 태도를 보이게 된다.

⑤ 무 : 획일적인 태도에 익숙하며, 대체로 기쁘고 즐거운 마음으로 업무에 임한다.

36 다음과 관련된 개념은 무엇인가?

> 조직이 지속되게 되면서 조직구성원들 간에 공유되는 생활양식이나 가치로 조직구성원들의 사고와 행동에 영향을 미치며 일체감과 정체성을 부여하고 조직이 안정적으로 유지되게 한다. 최근 조직문화에 대한 중요성이 부각되면서 긍정적인 방향으로 조성하기 위한 경영층의 노력이 이루어지고 있다.

① 조직문화   ② 조직위계

③ 조직목표   ④ 조직구조

⑤ 조직의 규칙

37 다음 중 경영참가제도의 특징으로 옳지 않은 것은?

① 사측 단독으로 문제를 해결할 수 있다.

② 경영의 민주성을 제고할 수 있다.

③ 경영의 효율성을 통제할 수 있다.

④ 노사 간 상호 신뢰를 증진시킬 수 있다.

⑤ 경영참가, 이윤참가, 자본참가 유형이 있다.

38 다음 중 준호가 소속되어있는 부서로 올바른 것은?

> 준호는 매일 아침 회사에 출근하여 그 날의 판매 계획·예산·시장·재고 등을 조사하여 정리한다. 또한 외상매출금이나 견적 및 계약 등의 문제를 해결하기 위해 자료를 조사·검토한다.

① 총무부
② 인사부
③ 기획부
④ 영업부
⑤ 회계부

39 다음에서 설명하고 있는 조직은 무엇인가?

> • 구성원들의 업무가 분명하게 규정된다.
> • 엄격한 상하 간 위계질서가 있다.
> • 다수의 규칙과 규정이 존재한다.

① 정부 조직
② 기계적 조직
③ 유기적 조직
④ 환경적 조직
⑤ 전략적 조직

▌40-41▐ 다음 결재규정을 보고 주어진 상황에 알맞게 작성된 것을 고르시오.

〈결재규정〉

- 결재를 받으려면 업무에 대해서는 최고결재권자(대표이사)를 포함한 이하 직책자의 결재를 받아야 한다.
- '전결'이라 함은 회사의 경영활동이나 관리활동을 수행함에 있어 의사결정이나 판단을 요하는 일에 대하여 최고결재권자의 결재를 생략하고, 자신의 책임 하에 최종적으로 의사결정이나 판단을 하는 행위를 말한다.
- 전결사항에 대해서도 위임 받은 자를 포함한 이하 직책자의 결재를 받아야 한다.
- 표시내용 : 결재를 올리는 자는 최고결재권자로부터 전결사항을 위임 받은 자가 있는 경우 결재란에 전결이라고 표시하고 최종 결재권자에 위임 받은 자를 표시한다. 다만, 결재가 불필요한 직책자의 결재란은 상황대각선으로 표시한다.
- 최고결재권자의 결재사항 및 최고결재권자로부터 위임된 전결사항은 다음의 표에 따른다.

구분	내용	금액기준	결재서류	팀장	본부장	대표이사
접대비	거래처 식대, 경조사비 등	20만 원 이하	접대비지출품의서 지출결의서	● ■		
		30만 원 이하			● ■	
		30만 원 초과				● ■
교통비	국내 출장비	30만 원 이하	출장계획서 출장비신청서	● ■		
		50만 원 이하		●	■	
		50만 원 초과		●		■
	해외 출장비			●		■
소모품비	사무용품		지출결의서	■		
	문서, 전산소모품					■
	기타 소모품	20만 원 이하		■		
		30만 원 이하			■	
		30만 원 초과				■
교육 훈련비	사내외 교육		기안서 지출결의서	●		■
법인카드	법인카드 사용	50만 원 이하	법인카드신청서	■		
		100만 원 이하			■	
		100만 원 초과				■

● : 기안서, 출장계획서, 접대비지출품의서

■ : 지출결의서, 세금계산서, 발행요청서, 각종 신청서

40 영업부 사원 L씨는 편집부 K씨의 부친상에 부조금 50만 원을 회사 명의로 지급하기로 하였다. L씨가 작성한 결재 방식은?

①

접대비지출품의서			
결재	담당	팀장	본부장	최종 결재
	L			팀장

②

접대비지출품의서			
결재	담당	팀장	본부장	최종 결재
	L		전결	본부장

③

지출결의서			
결재	담당	팀장	본부장	최종 결재
	L	전결		대표이사

④

지출결의서			
결재	담당	팀장	본부장	최종 결재
	L			대표이사

⑤

지출결의서			
결재	담당	팀장	본부장	최종 결재
		L		대표이사

41 영업부 사원 I씨는 거래업체 직원들과 저녁 식사를 위해 270,000원을 지불하였다. I씨가 작성해야 하는 결재 방식으로 옳은 것은?

①

접대비지출품의서			
결재	담당	팀장	본부장	최종 결재
	I			전결

②

접대비지출품의서			
결재	담당	팀장	본부장	최종 결재
	I	전결		본부상

③

지출결의서			
결재	담당	팀장	본부장	최종 결재
	I	전결		본부장

④

접대비지출품의서			
결재	담당	팀장	본부장	최종 결재
	I		전결	본부장

⑤

지출결의서			
결재	담당	팀장	본부장	최종 결재
	I			팀장

42 조직변화 과정의 순서로 옳은 것은?

① 조직변화 방향 수립 → 환경변화 인지 → 조직변화 실행 → 변화결과 평가
② 환경변화 인지 → 조직변화 실행 → 조직변화 방향 수립 → 변화결과 평가
③ 조직변화 실행 → 조직변화 방향 수립 → 환경변화 인지 → 변화결과 평가
④ 환경변화 인지 → 조직변화 방향 수립 → 조직변화 실행 → 변화결과 평가
⑤ 조직변화 실행 → 환경변화 인지 → 조직변화 방향 수립 → 변화결과 평가

43 다음에 열거된 국제 비즈니스 상의 테이블 매너 중 적절하지 않은 설명을 모두 고른 것은?

⊙ 상석(上席)을 정함에 있어 나이는 많은데 직위가 낮으면 나이가 직위를 우선한다.
ⓛ 최상석에 앉은 사람과 가까운 자리일수록 순차적으로 상석이 되며, 멀리 떨어진 자리가 말석이 된다.
ⓒ 주빈(主賓)이 있는 남자만의 모임 시 주빈은 초청자의 맞은편에 앉는다.
ⓔ 장갑, 부채와 같은 소형 휴대품은 테이블 위에 두어도 된다.
ⓜ 식사 중에 냅킨을 테이블 위에 올려놓는 것은 금기다. 냅킨을 올려놓는 때는 커피를 마시고 난 다음이다.
ⓗ 여성은 냅킨에 립스틱이 묻지 않도록 식전에 립스틱을 살짝 닦아낸 후 사용한다.
ⓢ 메뉴 판을 이해하기 어려울 때 웨이터에게 물어보는 것은 금기이며, 그날의 스페셜 요리를 주문하는 것이 좋다.
ⓞ 옆 사람이 먹는 것을 손가락으로 가리키며 주문하지 않는다.

① ⓛⓒⓜ
② ⓒⓗⓞ
③ ⊙ⓔⓢ
④ ⓔⓜⓢ
⑤ ⓜⓗⓞ

44 다음 사례에서 파악할 수 있는 민수씨의 직업의식으로 적절한 것을 〈보기〉에서 고른 것은?

신발 회사의 대표를 맡고 있는 민수씨는 최고의 구두를 만들겠다는 일념으로 세계 유명 구두 디자인에 대한 사례 연구를 통해 독창적인 모델을 출시하여 대성공을 거두었다. 또한 민수씨는 회사 경영에 있어서도 인화와 협동을 중시하여 직원들을 대상으로 가족 초청 어버이날 행사, 단체 체육대회 등 노사가 함께 하는 행사를 개최하여 유대를 강화하고 있다.

〈보기〉

⊙ 전문 의식　　　　　　　ⓛ 귀속 의식
ⓒ 연대 의식　　　　　　　ⓔ 귀천 의식

① ⊙, ⓛ
② ⊙, ⓒ
③ ⊙, ⓔ
④ ⓛ, ⓒ
⑤ ⓒ, ⓔ

45 다음 설명에 해당하는 직업윤리는?

> 자신의 일이 누구나 할 수 있는 것이 아니라 해당 분야의 지식을 바탕으로 가능한 것이라 믿는 태도

① 소명의식   ② 전문가의식

③ 천직의식   ④ 직분의식

⑤ 책임의식

46 근면에 대한 설명 중 바르지 않은 것은?

① 근면한 것은 성공을 이루게 되는 기본 조건이 된다.

② 근면과 관련해서 「탈무드」에는 "이 세상에서 가장 한심한 것은 할 일이 없는 것이다"라고 하였다.

③ 근면과 관련해서 「시편」에는 "눈물을 흘리며 씨를 뿌리는 자는 기쁨으로 거두리로다"라고 노래하고 있다.

④ 근면과 게으름은 습관보다는 원래부터 타고난 성품이다.

⑤ 근면은 행위자가 고난을 극복한 경험을 통해 만들어 지고, 이는 현재의 고난을 극복할 수 있게 한다.

47 우리나라의 정직성은 어느 수준에 있는지 그 예가 잘못된 것은?

① 아직까지 융통성이라는 이유로 정해진 규칙을 잘 지키는 사람은 고지식하고 답답하다고 하는 사람들이 많이 있다.

② 아직까지 부정직한 사람이 정치인도 되고, 기업인도 되고, 성공하는 일이 비일비재하다.

③ 교통신호를 위반해도 크게 양심의 가책을 느끼지 않는다.

④ 거짓말하는 사람은 이 땅에 발도 못 붙일 정도로 가혹하게 처벌받는다.

⑤ 관계지향적인 유교적 가치는 '정직'과 '정직 행동'을 선택하는 행위 사이에서 괴리를 발생시키기도 한다.

48 현재 우리나라에서 힘들고(Difficult), 더럽고(Dirty), 위험한(Dangerous) 일은 하지 않으려고 하는 현상으로, 노동력은 풍부하지만 생산인력은 부족하다는 파행적 모습을 보여 실업자 증가와 외국인 노동자들의 불법 취업이라는 새로운 사회문제를 야기하는 현상은?

① 3D 기피현상   ② 임피현상

③ 아노미현상   ④ 님비현상

⑤ 바나나현상

49 다음 중 직업에 대한 설명으로 옳은 것끼리 짝지어진 것은?

> ㉠ 경제적인 보상이 있어야 한다.
> ㉡ 본인의 자발적 의사에 의한 것이어야 한다.
> ㉢ 장기적으로 계속해서 일하는 지속성이 있어야 한다.
> ㉣ 취미활동, 아르바이트, 강제노동 등도 포함된다.
> ㉤ 다른 사람들과 함께 인간관계를 쌓을 수 있는 기회가 된다.
> ㉥ 직업(職業)의 職은 사회적 역할의 분배인 직분(職分)을 의미한다.
> ㉦ 직업(職業)의 業은 일 또는 행위이다.

① ㉠, ㉡, ㉢, ㉣   ② ㉠, ㉢, ㉣, ㉤, ㉥

③ ㉠, ㉡, ㉤, ㉥, ㉦   ④ ㉠, ㉡, ㉢, ㉤, ㉥, ㉦

⑤ ㉠, ㉡, ㉢, ㉣, ㉤, ㉥, ㉦

50 다음 중 성 예절을 지키기 위한 노력으로 옳은 것은?

① 성희롱 문제는 사전에 예방할 수 없기 때문에 국가와 타협을 해야 한다.

② 여성은 남성보다 높은 지위를 보장 받기 위해서 그에 상응하는 여건을 조성해야 한다.

③ 직장 내에서 여성의 지위를 인정받기 위해 남성의 지위를 없애야 한다.

④ 성역할에 대한 과거의 잘못된 인식을 타파하고 남녀공존의 직장문화를 정착하는 노력이 필요하다.

⑤ 상대방의 나이를 알아보고 '님'이나 '씨'와 같은 호칭을 정한다.

▮1-2▮ 다음 대화를 읽고 물음에 답하시오.

> 상담원 : 네, ㈜애플망고 소비자센터입니다.
> 고객 : 제가 최근에 인터넷으로 핸드폰을 구입했는데요, 제품에 문제가 있는 것 같아서요.
> 상담원 : 아, 어떤 문제가 있으신지 여쭤 봐도 될까요?
> 고객 : 제가 물건을 받고 핸드폰을 사용했는데 통화음질도 안 좋을 뿐더러 통화 연결이 잘 안 되더라고요. 그래서 통신 문제인 줄 알고 통신사 고객센터에 연락해보니 테스트해보더니 통신의 문제는 아니라고 해서요, 제가 보기엔 핸드폰 기종 자체가 통화 음질이 떨어지는 거 같거든요? 그래서 구매한지 5일 정도 지났지만 반품하고 싶은데 가능할까요?
> 상담원 : 네, 고객님. 「전자상거래 등 소비자보호에 관한 법」에 의거해서 물건 수령 후 7일 이내에 청약철회가 가능합니다. 저희 쪽에 물건을 보내주시면 곧바로 환불처리 해 드리겠습니다.
> 고객 : 아, 감사합니다.
> 상담원 : 행복한 하루 되세요. 상담원 ○○○이었습니다.

1 위 대화의 의사소통 유형으로 적절한 것은?

① 대화하는 사람들의 친교와 관계유지를 위한 의사소통이다.
② 화자가 청자의 긍정적 반응을 유도하는 의사소통이다.
③ 일대일 형식의 공식적 의사소통이다.
④ 정보전달적 성격의 비공식적 의사소통이다.
⑤ 객관적인 증거를 들어 청자를 설득하기 위한 의사소통이다.

2 위 대화에서 상담원의 말하기 방식으로 적절한 것은?

① 상대방이 알고자 하는 정보를 정확히 제공한다.
② 타협을 통해 문제 해결방안을 찾고자 한다.
③ 주로 비언어적 표현을 활용하여 설명하고 있다.
④ 상대방을 배려하기보다 자신의 의견을 전달하는데 중점을 두고 있다.
⑤ 직설적인 표현을 삼가고, 에둘러 표현하고 있다.

풀이종료시간 : [   ] – [   ]
풀이소요시간 : [   ]분 [   ]초

3 다음은 신입 사원이 작성한 기획서이다. 귀하가 해당 기획서를 살펴보니 수정해야 할 부분이 있어서 신입사원에게 조언을 해 주고자 한다. 다음 기획서에서 수정해야 할 부분이 아닌 것은 무엇인가?

[행사 기획서]

제목 : 홍보 행사에 대한 기획

    2007년부터 지구 온난화에 대한 경각심을 일깨우기 위해 호주에서 시작된 지구촌 불끄기 행사는 세계 최대 규모의 민간자연보호단체인 세계자연보호기금(WWF)에서 약 한 시간가량 가정과 기업이 소등을 해 기후에 어떠한 변화로 나타나는지 보여주기 위한 행사입니다. 본 부서는 현재 135개국 이상 5000여 개의 도시가 참여를 하고 있는 이 운동을 알리고, 기후변화에 대한 인식을 확산하며 탄소 배출량을 감축시키기 위해 다음과 같은 홍보 행사를 진행하려고 합니다.

– 다음 –

1) 일정 : 2022년 4월 22일
2) 장소 : 광화문 앞 광장
3) 예상 참여인원 : ○○명

2022년 3월 2일
홍보팀 사원 김○○

---

① 행사 담당 인원과 담당자가 누구인지 밝힌다.
② 행사를 진행했을 때 거둘 수 있는 긍정적 기대효과에 대한 내용을 추가한다.
③ 구체적으로 어떤 종류의 홍보 행사를 구성하고자 하는지 목차에 그 내용을 추가한다.
④ 제목에 가두 홍보 행사라는 점을 드러내어 제목만으로도 기획서의 내용을 예상할 수 있도록 한다.
⑤ 기획서는 상대방이 채택하게 하는 것이 목적이므로 설득력을 높이기 위해 근거를 보강하고 세부 행사 기획 내용은 별첨한다.

┃4-5┃ 다음 글을 읽고 이어지는 질문에 답하시오.

국내외 사정으로 경기가 불안정할 때에 정부와 중앙은행은 경기 안정 정책을 펼친다. 정부는 정부 지출과 조세 등을 조절하는 재정정책을, 중앙은행은 통화량과 이자율을 조정하는 통화정책을 활용한다. 이 정책들은 경기 상황에 따라 달리 활용된다. 경기가 좋지 않을 때에는 총수요를 증가시키기 위해 정부 지출을 늘리거나 조세를 감면하는 확장적 재정정책이나 통화량을 늘리고 이자율을 낮추는 확장적 통화정책이 활용된다. 또 경기 과열이 우려될 때에는 정부 지출을 줄이거나 세금을 올리는 긴축적 재정정책이나 통화량을 줄이고 이자율을 올리는 긴축적 통화정책이 활용된다. 이러한 정책들의 효과 여부에 대해서는 이견들이 존재하는데 대표적으로 '통화주의'와 '케인즈주의'를 들 수 있다. 두 학파의 입장 차이를 확장적 정책을 중심으로 살펴보자.

먼저 정부의 시장 개입을 최소화해야 한다고 보는 통화주의는 화폐 수요가 소득 증가에 민감하게 반응한다고 주장했다. 여기서 화폐란 물건을 교환하기 위한 수단을 말하고, 화폐 수요는 특정한 시점에 사람들이 보유하고 싶어 하는 화폐의 총액을 의미한다. 통화주의에서는 화폐 수요의 변화에 따라 이자율 변화가 크게 나타나고 이자율이 투자 수요에 미치는 영향도 크다고 보았다. 따라서 불경기에 정부 지출을 증가시키는 재정정책을 펼치면 국민 소득이 증가함에 따라 화폐 수요가 크게 증가하고 이에 영향을 받아 이자율이 매우 높게 상승한다고 보았다. 더불어 이자율에 크게 영향을 받는 투자 수요는 높아진 이자율로 인해 예상된 투자 수요보다 급격히 감소하면서 경기를 호전시키지 못한다고 보았다. 이 때문에 확장적 재정정책의 효과가 기대보다 낮을 것이라 주장했다. 결국 불황기에는 정부 주도의 재정정책보다는 중앙은행의 통화정책을 통해 통화량을 늘리고 이자율을 낮추는 방식을 택하면 재정정책과 달리 투자 수요가 증가하여 경기를 부양시킬 수 있다고 본 것이다.

반면에 경기 안정을 위해 정부의 적극적인 개입이 필요하다고 보는 케인즈주의는 화폐를 교환 수단으로만 보지 않고 이자율과 역의 관계를 가지는 투기적 화폐 수요가 존재한다고 보았다. 투기적 화폐 수요는 통화량이 늘어나도 소비하지 않고 더 높은 이익을 얻기 위해 화폐를 소유하고자 하는 수요이다. 따라서 통화정책을 통해 통화량을 늘리고 이자율을 낮추면 투기적 화폐 수요가 늘어나 화폐가 시중에 돌지 않기 때문에 투자 수요가 거의 증가하지 않는다고 본 것이다. 즉 케인즈주의는 실제로 사람들이 화폐를 거래 등에 얼마나 자주 사용하였는지 소득의 변화보다 화폐 수요에 크게 영향을 미친다고 본 것이다. 그래서 케인즈주의는 확장적 재정정책을 시행하여 정부 지출이 증가하면 국민 소득은 증가하지만, 소득의 변화가 화폐 수요에 미치는 영향이 작기 때문에 화폐 수요도 작게 증가할 것이라 보았다. 이에 따라 이자율도 낮게 상승하기 때문에 투자 수요가 예상된 것보다 작게 감소할 것이라 보았던 것이다.

또한 확장적 재정정책의 효과는 ㉠승수 효과와 ㉡구축 효과가 나타나는 정도에 따라 달리 볼 수 있다. 승수 효과란 정부의 재정 지출이 그것의 몇 배나 되는 국민 소득의 증가로 이어지면서 소비와 투자가 촉진되는 것을 의미한다. 케인즈주의는 이러한 승수 효과를 통해 경기 부양이 가능하다고 보았다. 한편 승수 효과가 발생하기 위해서는 케인즈주의가 주장한 바와 같이 정부 지출을 늘렸을 때 이자율의 변화가 거의 없어 투자 수요가 예상 투자 수요보다 크게 감소하지 않아야 한다. 그런데 정부가 재정정책을 펼치기 위해 재정 적자를 감수하고 국가가 일종의 차용 증서인 국채를 발행해 시중의 돈을 빌리게 되는 경우가 많다. 국채 발행으로 시중의 돈이 정부로 흘러 들어가면 이자율이 오르고 이에 대한 부담으로 가계나 기업들의 소비나 투자 수요가 감소되는 상황이 발생하게 된다. 결국 세금으로 충당하기 어려운 재정정책을 펼치기 위해 국채를 활용하는 과정에서 이자율이 올라가고 이로 인해 민간의 소비나 투자를 줄어들게 하는 구축 효과가 발생하게 된다는 것이다. 통화주의에서는 구축 효과에 의해 승수 효과가 감쇄되어 확장적 재정정책의 효과가 기대보다 줄어들 것이라고 본 것이다.

　이처럼 경기를 안정화시키기 위해 특정한 정책의 긍정적 효과만을 고려하여 정책을 시행하게 될 경우 예상치 못한 문제들이 발생하여 기대했던 경기 안정을 가져오지 못할 수 있다. 경제학자들은 재정정책과 통화정책의 의의를 인정하면서, 이 정책들을 적절하게 활용한다면 경기 안정이라는 목적을 달성하는 데에 중요한 열쇠가 될 수 있을 것이라 보았다.

4 다음 글을 통해 해결할 수 있는 질문으로 적절하지 못한 것은?

① 정부의 재정 적자를 해소하는 방법은 무엇인가?
② 확장적 정책과 긴축적 정책의 시행 시기는 언제인가?
③ 투기적 화폐 수요가 투자 수요에 미치는 영향은 무엇인가?
④ 정부의 지출 증가가 국민 소득에 미치는 영향은 무엇인가?
⑤ 정부와 중앙은행이 각각 활용하는 경기 안정 정책은 무엇인가?

5 ㉠과 ㉡에 대한 설명으로 적절하지 않은 것은?

① ㉠은 정부의 재정 지출에 비해 더 큰 소득의 증가가 나타나는 현상에 대한 설명이다.
② ㉡은 세금으로 충당하기 어려운 정부 지출을 위해 시중의 돈이 줄어드는 상황에서 나타나는 것이다.
③ ㉠과 달리 ㉡은 정부 지출이 정부의 의도만큼 효과를 거두지 못할 것이라는 주장의 근거가 된다.
④ ㉡과 달리 ㉠은 정부가 재정 지출을 늘릴 경우 투자 수요가 줄어들 것이라는 주장의 근거가 된다.
⑤ ㉠과 ㉡은 모두 정부 지출을 확대했을 때 발생할 수 있는 결과들에 대해 분석한 것이다.

| 6-7 | 다음 내용을 읽고 물음에 답하시오.

공급업체 : 과장님, 이번 달 인쇄용지 주문량이 급격히 ㉠<u>감소</u>하여 이렇게 방문하였습니다. 혹시 저희 물품에 어떠한 문제가 있는 건가요?

총무과장 : 지난 10년간 ㉡<u>납품</u>해 주고 계신 것에 저희는 정말 만족하고 있습니다. 하지만 요즘 경기가 안 좋아서 비용절감차원에서 주문량을 줄이게 되었습니다.

공급업체 : 아, 그렇군요. 얼마 전 다른 업체에서도 ㉢<u>견적</u> 받으신 것을 우연히 알게 되어서요, 괜찮으시다면 어떠한 점 때문에 견적을 받아보신지 알 수 있을까요? 저희도 참고하려 하니 말씀해주시면 감사하겠습니다.

총무과장 : 아, 그러셨군요. 사실 내부 회의 결과, 인쇄용지의 ㉣<u>지출</u>이 너무 높다는 지적이 나왔습니다. 품질은 우수하지만 가격적인 면 때문에 그러한 ㉤<u>결정</u>을 하게 되었습니다.

---

6 위 대화의 밑줄 친 단어를 한자로 바르게 표기한 것을 고르면?

① ㉠ - 減小(감소)

② ㉡ - 納稟(납품)

③ ㉢ - 見積(견적)

④ ㉣ - 持出(지출)

⑤ ㉤ - 結晶(결정)

7 다음 중 거래처 관리를 위한 총무과장의 업무방식으로 가장 바람직한 것은?

① 같은 시장에 신규 유입 기업은 많으므로 가격 및 서비스 비교를 통해 적절한 업체로 자주 변경하는 것이 바람직하다.

② 사내 임원이나 지인의 추천으로 거래처를 소개받았을 경우에는 기존의 거래처에서 변경하는 것이 바람직하다.

③ 믿음과 신뢰를 바탕으로 한 번 선정된 업체는 변경하지 않고 동일조건 하에 계속 거래를 유지하는 것이 바람직하다.

④ 오랫동안 거래했던 업체라 하더라도 가끔 상호관계와 서비스에 대해 교차점검을 하는 것이 바람직하다.

⑤ 다른 업체의 견적 결과를 가지고 현재 거래하는 업체에게 가격 인하를 무리하게 요구하여 지출을 줄이는 것이 바람직하다.

8 한국○○ ㈜의 대표이사 비서인 甲은 거래처 대표이사가 새로 취임하여 축하장 초안을 작성하고 있다. 다음 축하장에서 밑줄 친 부분의 맞춤법이 바르지 않은 것끼리 묶인 것은?

> 귀사의 무궁한 번영과 발전을 기원합니다.
> 이번에 대표이사로 새로 취임하심을 진심으로 기쁘게 생각하며 ⓐ 축하드립니다. 이는 탁월한 식견과 그동안의 부단한 노력에 따른 결과라 생각합니다. 앞으로도 저희 한국○○ ㈜와 ⓑ 원할한 협력 관계를 ⓒ 공고이 해 나가게 되기를 기대하며, 우선 서면으로 축하 인사를 대신합니다.
> ⓓ 아무쪼록 건강하시기 바랍니다.

① ⓐ, ⓑ   ② ⓐ, ⓒ

③ ⓑ, ⓒ   ④ ⓑ, ⓓ

⑤ ⓒ, ⓓ

9 다음 글의 ⓐ : ⓑ의 의미 관계와 가장 유사한 것은?

> 역사적으로 볼 때 시민 혁명이나 민중 봉기 등의 배경에는 정부의 과다한 세금 징수도 하나의 요인으로 자리 잡고 있다. 현대에도 정부가 세금을 인상하여 어떤 재정 사업을 하려고 할 때, 국민들은 자신들에게 별로 혜택이 없거나 부당하다고 생각될 경우 ⓐ 납세 거부 운동을 펼치거나 정치적 선택으로 조세 저항을 표출하기도 한다. 그래서 세계 대부분의 국가는 원활한 재정 활동을 위한 조세 정책에 골몰하고 있다.
> 경제학의 시조인 아담 스미스를 비롯한 많은 경제학자들이 제시하는 바람직한 조세 원칙 중 가장 대표적인 것이 공평과 효율의 원칙이라 할 수 있다. 공평의 원칙이란 특권 계급을 인정하지 않고 국민은 누구나 자신의 능력에 따라 세금을 부담해야 한다는 의미이고, 효율의 원칙이란 정부가 효율적인 제도로 세금을 과세해야 하며 납세자들로부터 불만을 최소화할 수 있는 방안으로 ⓑ 징세해야 한다는 의미이다.

① 컴퓨터를 사용한 후에 반드시 전원을 꺼야 한다.

② 관객이 늘어남에 따라 극장이 점차 대형화되었다.

③ 자전거 타이어는 여름에 팽창하고 겨울에 수축한다.

④ 먼 바다에 나가기 위해서는 배를 먼저 수리해야 한다.

⑤ 얇게 뜬 김은 부드럽고 맛이 좋아서 높은 값에 팔린다.

10 인터넷 통신 한 달 요금이 다음과 같은 A, B 두 회사가 있다. 한샘이는 B 회사를 선택하려고 한다. 월 사용시간이 최소 몇 시간 이상일 때, B 회사를 선택하는 것이 유리한가?

A 회사		B 회사	
기본요금	추가요금	기본요금	추가요금
4,300원	시간당 900원	20,000원	없음

① 15시간
② 16시간
③ 17시간
④ 18시간
⑤ 19시간

11 다음은 어느 보험회사의 보험계약 현황에 관한 표이다. 이에 대한 설명으로 옳지 않은 것은?

(단위 : 건, 억 원)

구분	2020년		2021년	
	건수	금액	건수	금액
개인보험	5,852,844	1,288,847	5,868,027	1,225,968
생존보험	1,485,908	392,222	1,428,422	368,731
사망보험	3,204,140	604,558	3,241,308	561,046
생사혼합	1,162,792	292,068	1,198,297	296,191
단체보험	0	0	0	0
단체보장	0	0	0	0
단체저축	0	0	0	0
소계	5,852,844	1,288,847	5,868,027	1,225,968

※ 건수는 보유계약의 건수임
※ 금액은 주계약 및 특약의 보험가입금액임

① 2020년과 2021년에 단체보험 보유계약의 건수는 0건이다.
② 2021년은 2020년에 비해 개인보험 보유계약 건수가 감소하였다.
③ 2021년은 2020년에 비해 개인보험 보험가입금액은 증가하였다.
④ 2021년 개인보험 보험가입금액에서 생존보험 금액이 차지하는 구성비는 30% 미만이다.
⑤ 2020년과 2021년 모두 개인보험에서 사망보험이 가장 큰 비중을 차지한다.

12 연속한 세 자연수 중, 가장 작은 숫자에 2를 곱한 후에 세 수를 합해보니 51이 나왔다. 연속한 세 숫자 중 가장 큰 수는 얼마인가?

① 12   ② 13
③ 14   ④ 15
⑤ 16

┃13-14┃ 다음은 인천공항, 김포공항, 양양공항, 김해공항, 제주공항을 이용한 승객을 연령별로 분류해 놓은 표이다. 물음에 답하시오.

구분	10대	20대	30대	40대	50대	총 인원수
인천공항	13%	36%	20%	15%	16%	5,000명
김포공항	8%	21%	33%	24%	14%	3,000명
양양공항	–	17%	37%	39%	7%	1,500명
김해공항	–	11%	42%	30%	17%	1,000명
제주공항	18%	23%	15%	28%	16%	4,500명

13 인천공항의 이용승객 중 20대 승객은 모두 몇 명인가?

① 1,500명   ② 1,600명
③ 1,700명   ④ 1,800명
⑤ 1,900명

14 김포공항 이용승객 중 30대 이상 승객은 김해공항 30대 이상 승객의 약 몇 배인가? (소수점 둘째 자리에서 반올림 하시오.)

① 2.3배   ② 2.4배
③ 2.5배   ④ 2.6배
④ 2.7배

| 15-16 | 아래의 표는 20△△년 교통사고로 인하여 발생한 사망자 수에 대한 자료이다. 다음 물음에 답하시오.

지역	성별	20△△년	
		사망자 수(명)	십만 명 당 사망자 수(명)
서울	남	20,955	424.1
	여	16,941	330.2
대전	남	6,501	505.2
	여	5,095	423.0
대구	남	3,249	452.1
	여	2,904	390.2
광주	남	2,167	385.1
	여	1,948	352.5
부산	남	11,025	599.5
	여	8,387	470.2
전국	남	125,654	492.6
	여	115,450	421.8

15 다음 중 위 표에 대한 내용으로 옳지 않은 것은?

① 위의 표에서 남자 십만 명 당 사망자 수가 많은 순서는 부산, 대전, 대구, 서울, 광주이다.

② 위의 표에서 여자 십만 명 당 사망자 수가 가장 많은 곳은 서울이다.

③ 위의 표에서 남자 사망자 수가 가장 적은 곳은 광주이다.

④ 십만 명 당 사망자 수가 가장 많은 지역은 부산 이다.

⑤ 위 표에 나와 있는 지역에서 사망자 수는 남자가 더 많다.

16 위 표를 이용하여 20△△년의 서울시의 인구를 추정하면? (단, 천의 자리에서 반올림 한다)

① 9,620,000명

② 9,810,000명

③ 10,070,000명

④ 10,320,000명

⑤ 10,650,000명

17 다음 표는 타이타닉 승선자의 생존율에 관한 자료이다. 이에 대한 설명으로 옳지 않은 것은?

	어린이				어른				
	남자		여자		남자		여자		생존율
	생존	사망	생존	사망	생존	사망	생존	사망	
1등실	5명	0명	1명	0명	57명	118명	140명	4명	62.2%
2등실	11명	0명	13명	0명	14명	154명	80명	13명	41.4%
3등실	13명	35명	14명	17명	75명	387명	76명	89명	25.2%
승무원	0명	0명	0명	0명	192명	670명	20명	3명	24.0%

① 3등실 어린이의 생존율이 3등실 어른의 생존율보다 높다.

② 남자 승무원의 생존율은 2등실 남자의 생존율보다 높다.

③ 남자 승무원과 여자 승무원의 생존율은 각각 3등실 남자와 3등실 여자의 생존율보다 높다.

④ 승선자 가운데 여성의 비율은 1등실에서 가장 높고 3등실, 2등실 그리고 승무원의 순서이다.

⑤ 전체 승선자의 생존율은 35% 이하이다.

18 다음 자료를 참고할 때, H사의 차량을 2년 사용 했을 때와 같은 경비는 F사의 차량을 사용한 지 몇 개월째에 발생하는가? (단, 매달 주행거리는 동일하다고 가정한다)

〈자동차 종류별 특성〉

제조사	차량 가격(만 원)	연료 용량(L)	연비(km/L)	연료 종류
H사	2,000	55	13	LPG
F사	2,100	60	10	휘발유
S사	2,050	60	12	경유

〈종류별 연료가격/L〉

LPG	800원
휘발유	1,500원
경유	1,200원

※ 자동차 이용에 따른 총 경비는 구매가격과 연료비의 합으로 산정하고, 5년 간 연료비 변동은 없다고 가정함.

① 4개월   ② 5개월
③ 6개월   ④ 7개월
⑤ 8개월

19 사내 체육대회에서 8개의 종목을 구성해 각 종목에서 우승 시 얻는 승점을 합하여 각 팀의 최종 순위를 매기고자 한다. 각 종목은 순서대로 진행하고, 3번째 종목부터는 각 종목 우승 시 받는 승점이 그 이전 종목들의 승점을 모두 합한 점수보다 10점 더 많도록 구성하였다. 다음 중 옳은 것을 모두 고르면? (단, 승점은 각 종목의 우승 시에만 얻을 수 있으며, 모든 종목의 승점은 자연수이다.)

> ㉠ 1번째 종목과 2번째 종목의 승점이 각각 10점, 20점이라면 8번째 종목의 승점은 1,000점을 넘게 된다.
> ㉡ 1번째 종목과 2번째 종목의 승점이 각각 100점, 200점이라면 8번째 종목의 승점은 10,000점을 넘게 된다.
> ㉢ 1번째 종목과 2번째 종목의 승점에 상관없이 8번째 종목의 승점은 6번째 종목 승점의 네 배이다.
> ㉣ 만약 3번째 종목부터 각 종목 우승 시 받는 승점이 그 이전 종목들의 승점을 모두 합한 점수보다 10점 더 적도록 구성한다면, 1번째 종목과 2번째 종목의 승점에 상관없이 8번째 종목의 승점은 6번째 종목 승점의 네 배보다 적다.

① ㉠㉢

② ㉠㉣

③ ㉡㉢

④ ㉠㉡㉣

⑤ ㉡㉢㉣

20 A, B, C, D, E는 형제들이다. 다음의 〈보기〉를 보고 첫째부터 막내까지 올바르게 추론한 것은?

─────── 〈보기〉 ───────

㉠ A는 B보다 나이가 적다.　　　　㉡ D는 C보다 나이가 적다.

㉢ E는 B보다 나이가 많다.　　　　㉣ A는 C보다 나이가 많다.

① E > B > D > A > C

② E > B > A > C > D

③ E > B > C > D > A

④ D > C > A > B > E

⑤ D > C > A > E > B

21 다음을 읽고 네 사람의 직업이 중복되지 않을 때 C의 직업은 무엇인지 고르면?

> ㉠ A가 국회의원이라면 D는 영화배우이다.
> ㉡ B가 승무원이라면 D는 치과의사이다.
> ㉢ C가 영화배우면 B는 승무원이다.
> ㉣ C가 치과의사가 아니라면 D는 국회의원이다.
> ㉤ D가 치과의사가 아니라면 B는 영화배우가 아니다.
> ㉥ B는 국회의원이 아니다.

① 국회의원

② 영화배우

③ 승무원

④ 치과의사

⑤ 알 수 없다.

22 다음에서 설명하고 있는 실업크레딧 제도를 올바르게 이해한 설명은?

[실업크레딧 제도]

〈지원대상〉

구직급여 수급자가 연금보험료 납부를 희망하는 경우 보험료의 75%를 지원하고 그 기간을 가입기간으로 추가 산입하는 제도

* 구직급여 수급자 – 고용보험에 가입되었던 사람이 이직 후 일정수급요건을 갖춘 경우 재취업 활동을 하는 기간에 지급하는 급여

* 실업기간에 대하여 일정요건을 갖춘 사람이 신청하는 경우에 가입기간으로 추가 산입하는 제도이므로 국민연금 제도의 가입은 별도로 확인 처리해야 함

〈제도안내〉

(1) (지원대상) 국민연금 가입자 또는 가입자였던 사람 중 18세 이상 60세 미만의 구직급여 수급자
  • 다만 재산세 과세금액이 6억 원을 초과하거나 종합소득(사업·근로소득 제외)이 1,680만 원을 초과하는 자는 지원 제외
(2) (지원방법) 인정소득 기준으로 산정한 연금보험료의 25%를 본인이 납부하는 경우에 나머지 보험료인 75%를 지원
  • 인정소득은 실직 전 3개월 평균소득의 50%로 하되 최대 70만 원을 넘지 않음
(3) (지원기간) 구직급여 수급기간으로 하되, 최대 1년(12개월)까지 지원
  • 구직급여를 지급받을 수 있는 기간은 90~240일(월로 환산 시 3~8개월)
(4) (신청 장소 및 신청기한) 전국 국민연금공단 지사 또는 고용센터
  • 고용센터에 실업신고 하는 경우 또는 실업인정신청 시 실업크레딧도 함께 신청 가능하며, 구직급여 수급인정을 받은 사람은 국민연금공단 지사에 구직급여를 지급받을 수 있는 날이 속한 달의 다음달 15일까지 신청할 수 있음

---

① 실직 중이라도 실업크레딧 제도의 혜택을 받은 사람은 자동적으로 국민연금에 가입된 것이 된다.

② 국민연금을 한 번도 거르지 않고 납부해 온 62세의 구직급여 수급자는 실업크레딧의 지원 대상이 된다.

③ 실업 중이며 조그만 자동차와 별도의 사업소득으로 약 1,800만 원의 구직급여 수급자인 A씨는 실업크레딧 지원 대상이다.

④ 인정소득 70만 원, 연금보험료는 63,000원인 구직급여 수급자가 15,750원을 납부하면 나머지 47,250원을 지원해 주는 제도이다.

⑤ 회사 사정으로 급여의 변동이 심하여 실직 전 3개월 간 각각 300만 원, 80만 원, 60만 원의 급여를 받았고 재산세와 종합소득 기준이 부합되는 자는 실업크레딧 지원 대상이다.

23 다음은 2019 ~ 2021년 A국 10대 수출 품목의 수출액에 관한 내용이다. 제시된 표에 대한 〈보기〉의 설명 중 옳은 것만 모두 고른 것은?

〈표 1〉 A국 10대 수출 품목의 수출액 비중과 품목별 세계수출시장 점유율(금액기준)

(단위 : 억 원)

구분연도 품목	A국의 전체 수출액에서 차지하는 비중			품목별 세계수출시장에서 A국의 점유율		
	2019	2020	2021	2019	2020	2021
백색가전	13.0	12.0	11.0	2.0	2.5	3.0
TV	14.0	14.0	13.0	10.0	20.0	25.0
반도체	10.0	10.0	15.0	30.0	33.0	34.0
휴대폰	16.0	15.0	13.0	17.0	16.0	13.0
2,000cc 이하 승용차	8.0	7.0	8.0	2.0	2.0	2.3
2,000cc 초과 승용차	6.0	6.0	5.0	0.8	0.7	0.8
자동차용 배터리	3.0	4.0	6.0	5.0	6.0	7.0
선박	5.0	4.0	3.0	1.0	1.0	1.0
항공기	1.0	2.0	3.0	0.1	0.1	0.1
전자부품	7.0	8.0	9.0	2.0	1.8	1.7
계	83.0	82.0	86.0	−	−	−

※ A국의 전체 수출액은 매년 변동 없음

〈표 2〉 A국 백색가전의 세부 품목별 수출액 비중

(단위 : %)

연도 세부품목	2019	2020	2021
일반세탁기	13.0	10.0	8.0
드럼세탁기	18.0	18.0	18.0
일반냉장고	17.0	12.0	11.0
양문형 냉장고	22.0	26.0	28.0
에어컨	23.0	25.0	26.0
공기청정기	7.0	9.0	9.0
계	100.0	100.0	100.0

⊙ 2019년과 2021년 선박이 세계수출시장 규모는 같다.
ⓛ 2020년과 2021년 A국의 전체 수출액에서 드럼세탁기가 차지하는 비중은 전년대비 매년 감소한다.
ⓒ 2020년과 2011년 A국의 10대 수출품목 모두 품목별 세계수출시장에서 A국의 점유율은 전년대비
　매년 증가한다.
ⓔ 2021년 항공기 세계수출시장 규모는 A국 전체 수출액의 15배 이상이다.

① ⊙ⓛ　　　　　　　　　　　　　② ⊙ⓒ
③ ⓛⓒ　　　　　　　　　　　　　④ ⓛⓔ
⑤ ⓛⓒⓔ

24 '가, 나, 다, 라, 마'가 일렬로 서 있다. 아래와 같은 조건을 만족할 때, '가'가 맨 왼쪽에 서 있을 경우, '나'는 몇 번째에 서 있는가?

- '가'는 '다' 바로 옆에 서있다.
- '나'는 '라'와 '마' 사이에 서있다.

① 첫 번째　　　　　　　　　　　　② 두 번째
③ 세 번째　　　　　　　　　　　　④ 네 번째
⑤ 다섯 번째

25 다음의 사전 정보를 활용하여 제품 A, B, C 중 하나를 사려고 한다. 다음 중 생각할 수 없는 상황은?

- 성능이 좋을수록 가격이 비싸다.
- 성능이 떨어지는 두 종류의 제품 가격의 합은 성능이 가장 좋은 다른 하나의 제품 가격보다 낮다.
- B는 성능이 떨어지는 제품이다.

① A제품이 가장 저렴하다.　　　　　　② A제품과 B제품의 가격이 같다.
③ A제품과 C제품은 성능이 같다.　　　④ A제품보다 성능이 좋은 제품도 있다.
⑤ A제품이 가장 비싸다.

26 다음 조건을 바탕으로 할 때 정 대리가 이번 달 중국 출장 출발일로 정하기에 가장 적절한 날은 언제인가? (단, 전체 일정은 모두 이번 달 안에 속해 있다)

- 이번 달은 1일이 월요일인 달이다.
- 3박 4일 일정이며 출발일과 도착일이 모두 휴일이 아니어야 한다.
- 현지에서 복귀하는 비행편은 매주 화, 목요일에만 있다.
- 이번 달 셋째 주 화요일에 있을 부서의 중요한 회의에 반드시 참석해야 하며, 회의 후에 출장을 가려 한다.

---

① 12일   ② 15일
③ 17일   ④ 22일
⑤ 23일

27 사과 사탕, 포도 사탕, 딸기 사탕이 각각 2개씩 있다. 甲~戊 다섯 명의 사람 중 한 명이 사과 사탕 1개와 딸기 사탕 1개를 함께 먹고, 다른 네 명이 남은 사탕을 각각 1개씩 먹었다. 모두 진실을 말하였다고 할 때, 사과 사탕 1개와 딸기 사탕 1개를 함께 먹은 사람과 戊가 먹은 사탕을 옳게 짝지은 것은?

甲 : 나는 포도 사탕을 먹지 않았어.
乙 : 나는 사과 사탕만을 먹었어.
丙 : 나는 사과 사탕을 먹지 않았어.
丁 : 나는 사탕을 한 종류만 먹었어.
戊 : 너희 말을 다 듣고 아무리 생각해봐도 나는 딸기 사탕을 먹은 사람 두 명 다 알 수는 없어.

---

① 甲, 포도 사탕 1개
② 甲, 딸기 사탕 1개
③ 丙, 포도 사탕 1개
④ 丙, 딸기 사탕 1개
⑤ 戊, 사과 사탕 1개와 딸기 사탕 1개

28 다음에서 설명하고 있는 개념의 특징으로 옳지 않은 것은?

> 조직성원들을 신뢰하고 그들의 잠재력을 믿으며 그 잠재력의 개발을 통해 High Performance 조직이 되도록 하는 일련의 행위이다.

① 부정적인 인간관계   ② 학습과 성장의 기회
③ 성과에 대한 지식   ④ 상부로부터의 지원
⑤ 긍정적인 인간관계

29 다음 중 실무형 멤버십의 설명으로 옳지 않은 것은?

① 조직의 운영방침에 민감하다.
② 획일적인 태도나 행동에 익숙함을 느낀다.
③ 개인의 이익을 극대화하기 위해 흥정에 능하다.
④ 리더와 부하 간의 비인간적인 풍토를 느낀다.
⑤ 규정에 따라 행동한다.

30 효과적인 팀이란 팀 에너지를 최대로 활용하는 고성과 팀이다. 다음 중 이러한 '효과적인 팀'이 가진 특징으로 적절하지 않은 것은?

① 역할과 책임을 명료화시킨다.
② 결과보다는 과정에 초점을 맞춘다.
③ 개방적으로 의사소통한다.
④ 개인의 강점을 활용한다.
⑤ 팀 자체의 효과성을 평가한다.

31 다음은 고객 불만 처리 프로세스를 도식화한 그림이다. 이 중 '정보파악'의 단계에서 이루어지는 행위를 〈보기〉에서 모두 고른 것은?

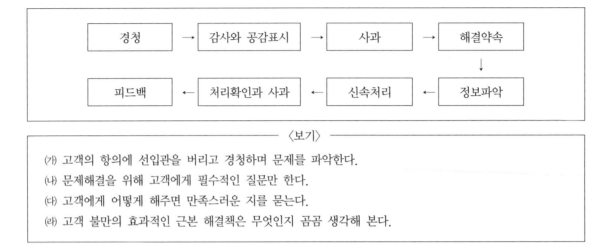

〈보기〉

(가) 고객의 항의에 선입관을 버리고 경청하며 문제를 파악한다.
(나) 문제해결을 위해 고객에게 필수적인 질문만 한다.
(다) 고객에게 어떻게 해주면 만족스러운 지를 묻는다.
(라) 고객 불만의 효과적인 근본 해결책은 무엇인지 곰곰 생각해 본다.

① (가), (나), (다)　　　　　　　② (가), (나), (라)

③ (가), (다), (라)　　　　　　　④ (나), (다), (라)

⑤ (가), (나), (다), (라)

32 배우자의 출산을 이유로 휴가 중인 심 사원의 일을 귀하가 임시로 맡게 되었다. 그러나 막상 일을 맡고 보니 심 사원이 급하게 휴가를 가게 된 바람에 인수인계 자료를 전혀 받지 못해 일을 진행하기 어려운 상황이다. 이때 귀하가 취해야 할 행동으로 가장 적절한 것은?

① 일을 미뤄 뒀다가 심 사원이 휴가에서 복귀하면 맡긴다.
② 심 사원에게 인수인계를 받지 못해 업무를 할 수 없다고 솔직하게 상사에게 말한다.
③ 최대한 할 수 있는 일을 대신 처리하고 모르는 업무는 심 사원에게 전화로 물어본다.
④ 아는 일은 우선 처리하고, 모르는 일은 다른 직원에게 확인한 후 처리한다.
⑤ 심 사원의 일을 알고 있는 다른 직원들과 업무를 임의로 나눈다.

33 다음 중 대인관계능력을 구성하는 하위능력으로 옳지 않은 것은?

① 팀워크능력   ② 자아인식능력
③ 리더십능력   ④ 갈등관리능력
⑤ 협상능력

34 다음에서 나타난 신 교수의 동기부여 방법으로 가장 적절한 것은?

> 신 교수는 매 학기마다 새로운 수업을 들어가면 첫 번째로 내주는 과제가 있다. 한국사에 대한 본인
> 의 생각을 A4용지 한 장에 적어오라는 것이다. 이 과제는 정답이 없고 옳고 그름이 기준이 아니라는
> 것을 명시해준다. 그리고 다음시간에 학생 각자가 적어온 글들을 읽어보도록 하는데, 개개인에게 꼼꼼
> 히 인상 깊었던 점을 알려주고 구체적인 부분을 언급하며 칭찬한다.

① 변화를 두려워하지 않는다.
② 지속적으로 교육한다.
③ 책임감으로 철저히 무장한다.
④ 긍정적 강화법을 활용한다.
⑤ 지속적으로 교육한다.

35 기업 인사팀에서 근무하면서 2022 하반기 신입사원 워크숍 교육 자료를 만들게 되었다. 워크숍 교육 자
료에서 팀워크 활성 방안으로 적절하지 않은 것을 고르시오.

① 아이디어의 질을 따지기보다 아이디어를 제안하도록 장려한다.
② 양질 의사결정을 내리기 위해 단편적 질문을 고려한다.
③ 의사결정을 내릴 때는 팀원들의 의견을 듣는다.
④ 각종 정보와 정보의 소스를 획득할 수 있다.
⑤ 동료의 피드백을 장려한다.

36 다음 중 ㉠에 들어갈 경영전략 추진과정은?

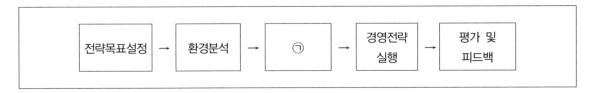

① 경영전략 구성　　　　　　　② 경영전략 분석

③ 경영전략 도출　　　　　　　④ 경영전략 제고

⑤ 경영전략 수정

37 다음 중 조직목표의 기능이 아닌 것은?

① 조직이 존재하는 정당성과 합법성 제공

② 조직이 나아갈 방향 제시

③ 조직구성원 의사결정의 기준

④ 조직구성원 행동 억제

⑤ 조직구성원 행동수행의 동기유발

38 S 전자기업의 각 부서별 직원과 업무 간의 연결이 옳지 않은 것을 고르시오.

① 영업부 김 대리 : 제품의 재고조절, 거래처로부터의 불만처리, 판매계획

② 회계부 이 과장 : 재무상태 및 경영실적 보고, 결산 관련 업무

③ 인사부 박 부장 : 인사발령 및 임금제도, 복리후생제도 및 지원업무, 퇴직관리

④ 총무부 정 사원 : 외상매출금의 청구 및 회수, 판매예산의 편성, 견적 및 계약

⑤ 기획부 오 대리 : 경영계획 및 전략수립, 경영진단업무, 단기사업계획 조정

39 김 대리는 여성의류 인터넷쇼핑몰 서비스팀에 근무 중으로 최근 불만 및 반품 접수가 증가하고 있어 이와 관련하여 회의를 진행하였다. 아래의 회의록을 보고 알 수 있는 내용인 것을 고르시오.

회의록

❑ 회의일시 : 2022년 6월 13일
❑ 회의장소 : 웰니스빌딩 3층 303호 소회의장
❑ 부   서 : 물류팀, 개발팀, 서비스팀
❑ 참 석 자 : 물류팀 팀장, 과장, 개발팀 팀장, 과장, 서비스팀 팀장, 과장
❑ 회의 안건
　제품 의류에 염료 얼룩으로 인한 고객 불만반품에 따른 원인조사 및 대책방안
❑ 회의 내용
　주문폭주로 인한 물량증가로 염료가 덜 마른 부직포 포장지를 사용하여 제품인 의류에 염색 얼룩이 묻은 것으로 추측
❑ 의결 사항
　[물류팀]
　컬러 부직포로 제품포장 하였던 기존방식에서 내부비닐포장 및 염료를 사용하지 않는 부직포로 2중 포장, 외부 종이상자 포장으로 교체
　[서비스팀]
　– 주문물량이 급격히 증가했던 일주일 동안 포장된 제품 전격 회수
　– 제품을 구매한 고객에 사과문 발송 및 100% 환불 보상 공지
　[개발팀]
　포장 재질 및 부직포 염료 유해성분 조사

---

① 마케팅팀은 해당 브랜드의 전 제품을 회수 및 100% 환불 보상할 것을 공지한다.
② 주문량이 증가한 날짜는 2022년 06월 13일부터 일주일간이다.
③ 주문량이 많아 염료가 덜 마른 부직포 포장지를 사용한 것이 문제 발생의 원인으로 추측된다.
④ 개발팀에서 제품을 전격 회수해 포장재 및 인쇄된 잉크의 유해성분을 조사하기로 했다.
⑤ 개발팀에서 염료를 사용하지 않는 포장재를 개발할 것으로 추측된다.

40 다음 중 아래의 조직도를 올바르게 이해한 것은?

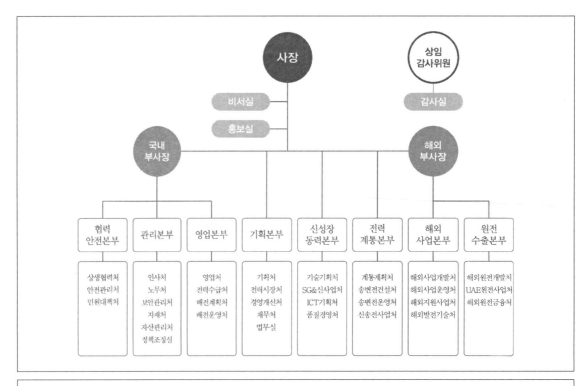

ⓐ 사장 직속으로는 3개 본부, 13개 처, 2개 실로 구성되어 있다.
ⓑ 국내·해외부사장은 각 3개의 본부를 이끌고 있다.
ⓒ 감사실은 다른 부서들과는 별도로 상임 감사위원 산하에 따로 소속되어 있다.
ⓓ 노무처와 재무처는 서로 업무협동이 있어야 하므로 같은 본부에 소속되어 있다.

① ㉠
② ㉢
③ ㉡㉢
④ ㉡㉣
⑤ ㉢㉣

41 다음과 같은 팀장의 지시를 받은 오 대리가 업무를 처리하기 위해 들러야 하는 조직의 명칭이 순서대로 올바르게 나열된 것은?

> "오 대리, 갑자기 본부장님의 급한 지시 사항을 처리해야 하는데, 나 좀 도와줄 수 있겠나? 어제 사장님께 보고 드릴 자료를 완성했는데, 자네가 혹시 오류나 수정 사항이 있는지를 좀 확인해 주고 남 비서에게 전달을 좀 해 주게. 그리고 모레 있을 바이어 미팅은 대형 계약 성사를 위해 매우 중요한 일이 될 테니 계약서 초안 검토 작업이 어느 정도 되고 있는지도 한 번 알아봐 주게. 오는 길에 바이어 픽업 관련 배차 현황도 다시 한 번 확인해 주고, 다음 주 선적해야 할 물량 통관 작업에는 문제없는지 확인해서 박 과장에게 알려줘야 하네. 실수 없도록 잘 좀 부탁하네."

① 총무팀, 회계팀, 인사팀, 법무팀
② 자금팀, 기획팀, 인사팀, 회계팀
③ 기획팀, 총무팀, 홍보팀, 물류팀
④ 기획팀, 비서실, 회계팀, 물류팀
⑤ 비서실, 법무팀, 총무팀, 물류팀

42 어느 날 진수는 직장선배로부터 '직장 내에서 서열과 직위를 고려한 소개의 순서'를 정리하라는 요청을 받았다. 진수는 다음의 내용처럼 정리하고 직장선배에게 보여 주었다. 하지만 직장선배는 세 가지 항목이 틀렸다고 지적하였다. 지적을 받은 세 가지 항목은 무엇인가?

> ㉠ 연소자를 연장자보다 먼저 소개한다.
> ㉡ 같은 회사 관계자를 타 회사 관계자에게 먼저 소개한다.
> ㉢ 상급자를 하급자에게 먼저 소개한다.
> ㉣ 동료임원을 고객, 방문객에게 먼저 소개한다.
> ㉤ 임원을 비임원에게 먼저 소개한다.
> ㉥ 되도록 성과 이름을 동시에 말한다.
> ㉦ 상대방이 항상 사용하는 경우라면 Dr. 등의 칭호를 함께 언급한다.
> ㉧ 과거 정부 고관일지라도, 전직인 경우 호칭사용은 결례이다.

① ㉠㉡㉥
② ㉢㉤㉧
③ ㉣㉥㉥
④ ㉣㉤㉧
⑤ ㉣㉦㉧

43 다음 중 국제 매너로 옳지 않은 것은?

① 프랑스에서 사업차 거래처 사람들과 식사를 할 때 사업에 관한 이야기는 정식 코스가 끝날 때 한다.

② 이란에서 꽃을 선물로 줄 때 노란색 꽃을 준비한다.

③ 멕시코에서 상대방에게 초대를 받았다면 나 또한 상대방을 초대하는 것이 매너이다.

④ 이탈리아에서 상대방과 대화할 때는 중간에 말을 끊지 않는다.

⑤ 생선 요리는 뒤집어먹지 않는다.

44 다음 중 명함 교환 예절에 대한 설명으로 옳지 않은 것은 무엇인가?

① 명함은 반드시 지갑에서 꺼내며 새것을 사용한다.

② 명함을 꺼낼 때는 하위자가 먼저 꺼내어 상위자에게 건넨다.

③ 상위자에게 명함을 건넬 때는 왼손으로 가볍게 받쳐 내는 것이 예의이다.

④ 명함에 관한 부가 정보는 상대방과의 만남에서 기입해 두는 것이 적절하다.

⑤ 명함을 받으면 이름과 직책을 확인한 후, 명함에 관한 이야기를 한두 마디 나눈다.

45 다음 중 악수 예절로 적절한 것은?

① 악수를 하는 동안에 상대의 눈을 쳐다보지 않는다.

② 악수를 할 때는 왼손을 사용한다.

③ 악수는 인사 몇 마디를 주고받는 정도의 시간 안에 끝내야 한다.

④ 악수는 상대보다 더 힘 있게 해야 한다.

⑤ 악수는 되도록 길게 해야 한다.

46 다음 중 근로윤리에 관한 설명으로 옳지 않은 것은?

① 정직은 신뢰를 형성하는 데 기본적인 규범이다.
② 정직은 부정직한 관행을 인정하지 않는다.
③ 신용을 위해 동료와 타협하여 부정직을 눈감아준다.
④ 신용을 위해 잘못된 것도 정직하게 밝혀야 한다.
⑤ 자신의 일에 최선을 다하고자 하는 마음을 가진다.

47 다음 설명에 해당하는 직업윤리의 덕목은?

자신이 하고 있는 일이 사회나 기업을 위해 중요한 역할을 하고 있다고 믿는 태도

① 직분의식
② 소명의식
③ 천직의식
④ 책임의식
⑤ 봉사의식

48 당신은 서울주택도시공사의 입사 지원자이다. 서류전형 통과 후, NCS 기반의 면접을 보기 위해 면접장에 들어가 있는데, 면접관이 당신에게 다음과 같은 질문을 하였다. 다음 중 면접관의 질문에 대한 당신의 대답으로 가장 적절한 것은?

> 면접관 : 최근 많은 회사들이 윤리경영을 핵심 가치로 내세우며, 개혁을 단행하고 있습니다. 그건 저희
> 회사도 마찬가지입니다. 윤리경영을 단행하고 있는 저희 회사에 도움이 될 만한 개인 사례를
> 말씀해 주시기 바랍니다.
>
> 당　신 : (　　　　　　　　　　　　　　　　　　　　　　　　)

① 저는 시간관념이 철저하므로 회의에 늦은 적이 한 번도 없습니다.
② 저는 총학생회장을 역임하면서, 맡은 바 책임이라는 것이 무엇인지 잘 알고 있습니다.
③ 저는 상담사를 준비한 적이 있어서, 타인의 말을 귀 기울여 듣는 것이 얼마나 중요한지 알고 있습니다.
④ 저는 모든 일이 투명하게 이뤄져야 한다고 생각합니다. 그래서 어린 시절 반에서 괴롭힘을 당하는 친구
가 있으면 일단 선생님께 말씀드리곤 했습니다.
⑤ 저는 전날의 약속이 다음날 일에 지장을 주지 않도록, 평일에는 약속을 잡지 않습니다.

49 다음 중 개인윤리와 직업윤리의 관계에 대한 설명이 아닌 것은?

① 직업윤리는 개인윤리를 바탕으로 각 직업에서 요구되는 특수한 윤리이다.
② 개인적인 삶보다 직업의 규모가 더 크므로 개인윤리가 직업윤리에 포함된다.
③ 모든 사람은 직업의 성격에 따라 각각 다른 직업윤리를 지닌다.
④ 개인윤리에는 폭력이 금지되어 있지만, 경찰관에게는 허용된다.
⑤ 업무상 개인의 판단과 행동은 직장 내 다수의 이해관계자와 관련되게 된다.

50 ㈎, ㈏의 사례에 나타난 직업관의 유형으로 옳은 것은?

㈎ 힘들고, 위험한 일을 기피하는 현상 때문에 노동력은 풍부하지만 생산인력은 부족한 실정이다. 하지만 주윤발씨는 개인의 소질, 능력, 성취도를 최우선으로 하고 있어 생산직 사원 모집 광고를 보고 원서를 제출하였다.

㈏ 사장은 장비씨의 연로한 나이와 그의 성실성을 고려하여 근무시간을 줄여 주고 월급도 50 % 인상해 주었다. 그러자 장비씨는 회사에 사표를 내고 다른 직장으로 이직을 원하였다. 이에 사장이 그만두는 이유를 묻자 "저는 돈을 벌기 위하여 일을 하는 것이 아니라 남은 인생을 될 수 있는 한 많은 사람을 위해 일하고 싶은 것인데, 근무 시간이 줄어들었으니 그만둘 수밖에 없습니다."라고 대답하였다.

	㈎	㈏
①	업적주의적 직업관	개인중심적 직업관
②	업적주의적 직업관	귀속주의적 직업관
③	귀속주의적 직업관	결과지향적 직업관
④	귀속주의적 직업관	개인중심적 직업관
⑤	개인주의적 직업관	귀속주의적 직업관

1 다음 중 바람직한 의사소통의 요소로 옳지 않은 것은?

① 무뚝뚝한 반응　　　　　　　　　② 시선공유
③ 자연스러운 터치　　　　　　　　　④ 경청
⑤ 대화 순서 지키기

2 다음 글에서 형식이가 의사소통능력을 향상시키기 위해 노력한 것으로 옳지 않은 것은?

> ○○기업에 다니는 형식이는 평소 자기주장이 강하고 남의 말을 잘 듣지 않는다. 오늘도 그는 같은 팀 동료들과 새로운 프로젝트를 위한 회의에서 자신의 의견만을 고집하다가 결국 일부 팀 동료들이 자리를 박차고 나가 마무리를 짓지 못했다. 이로 인해 형식은 팀 내에서 은근히 따돌림을 당했고 자신의 행동에 잘못이 있음을 깨달았다. 그 후 그는 서점에서 다양한 의사소통과 관련된 책을 읽으면서 조금씩 자신의 단점을 고쳐나가기로 했다. 먼저 그는 자신이 너무 자기주장만을 내세운다고 생각하고 이를 절제하기 위해 꼭 하고 싶은 말만 간단명료하게 하기로 마음먹었다. 그리고 말을 할 때에도 상대방의 입장에서 먼저 생각하고 상대방을 배려하는 마음을 가지려고 노력하였다. 또한 남의 말을 잘 듣기 위해 중요한 내용은 메모하는 습관을 들이고 상대방이 말할 때 적절하게 반응을 보였다. 이렇게 6개월을 꾸준히 노력하자 등을 돌렸던 팀 동료들도 그의 노력에 감탄하며 다시 마음을 열기 시작했고 이후 그의 팀은 중요한 프로젝트를 성공적으로 해내 팀원 전원이 한 직급씩 승진을 하게 되었다.

① 메모하기　　　　　　　　　　　② 배려하기
③ 시선공유　　　　　　　　　　　④ 반응하기
⑤ 생각하기

3 다음은 □□社에 근무하는 Mr. M. Lee의 출장일정표이다. 옳은 것은?

Monday, January 10 (Seoul to New York)

9:00a.m Leave Incheon Airport on OZ902 for JFK Airport.
9:25a.m Arrive at JFK Airport.
1:00p.m Meeting with Roger Harpers, President, ACF Corporation at Garden Grill.
7:00p.m Dinner Meeting with Joyce Pitt, Consultant, American Business System at Stewart
　　　　's Restaurant.

Tuesday, January 11 (New York)

9:30a.m Presentation "The Office Environment-Networking" at the National Office Systems
　　　　Conference, City Conference Center
12:00p.m Luncheon with Raymond Bernard, Vice President, Wilson Automation, Inc. at the
　　　　Oakdale City Club.

---

① Mr. M. Lee is going to fly to USA on OZ902.
② Mr. M. Lee will make a presentation at the City Conference Center after lunch.
③ Mr. M. Lee will have a luncheon meeting at Garden Grill on January 11th.
④ Mr. M. Lee will meet Roger Harpers, the day after he arrives in New York.
⑤ Mr. M. Lee will arrive at JFK airport at 9:25a.m. on January 11th Seoul time.

❚4-6❚ 다음 글을 읽고 물음에 답하시오.

봉수는 횃불과 연기로써 급한 소식을 전하던 전통시대의 통신제도로 높은 산에 올라가 불을 피워 낮에는 연기로, 밤에는 불빛으로 신호하는 방식이었다. 봉수제도는 우역제와 더불어 신식우편과 전기통신이 창시되기 이전의 전근대국가에서는 가장 중요하고 보편적인 통신방법이었는데 역마나 인편보다 시간적으로 단축되었고, 신속한 효용성을 발휘하여 지방의 급변하는 민정상황이나 국경지방의 적의 동태를 상급기관인 중앙의 병조에 쉽게 연락할 수 있었기 때문이다. 보통 봉수제는 국가의 정치·군사적인 전보기능을 목적으로 설치되었는데 우리나라에서 군사적인 목적으로 설치된 봉수제가 처음 문헌기록에 나타난 시기는 고려 중기 무렵이다. 이후 조선이 건국되면서 조선의 지배층들은 고려시대 봉수제를 이어받았는데 특히 세종 때에는 종래에 계승되어 온 고려의 봉수제를 바탕으로 하고 중국의 제도를 크게 참고하여 그 면모를 새롭게 하였다. 하지만 이러한 봉수제는 시간이 지날수록 점점 유명무실하게 되었고 결국 임진왜란이 일어나자 이에 대한 대비책으로 파발제가 등장하게 되었다. 봉수는 경비가 덜 들고 신속하게 전달할 수 있는 장점이 있으나 적정을 오직 5거의 방법으로만 전하여, 그 내용을 자세히 전달할 수 없어 군령의 시달이 어렵고 또한 비와 구름·안개로 인한 판단곤란과 중도단절 등의 결점이 있었다. 반면에 파발은 경비가 많이 소모되고 봉수보다는 전달속도가 늦은 결점이 있으나 문서로써 전달되기 때문에 보안유지는 물론 적의 병력 수·장비·이동상황 그리고 아군의 피해상황 등을 상세하게 전달할 수 있는 장점이 있었다.

4 다음 중 옳지 않은 것은?

① 봉수는 전통시대의 통신제도로 높은 산에 올라가 낮에는 연기로, 밤에는 불빛으로 신호를 보냈다.

② 보통 봉수제는 국가의 정치·군사적인 전보기능을 목적으로 설치되었는데 우리나라에서는 고려 중기 무렵에 처음으로 문헌기록으로 나타난다.

③ 봉수는 역마나 인편보다 시간적으로 단축되었고, 신속한 효용성을 발휘하여 지방의 급박한 상황을 중앙에 쉽게 연락할 수 있었다.

④ 봉수제도는 조선시대 들어서 그 기틀이 확고히 자리 잡아 임진왜란 당시에는 큰 역할을 하였다.

⑤ 봉수제도는 경비가 덜 들고 신속하게 전달할 수 있다.

5 위 글에서 봉수는 적정을 5거의 방법으로 전한다고 한다. 다음은 조선시대 봉수제도의 5거의 각 단계와 오늘날 정규전에 대비해 발령하는 전투준비태세인 데프콘의 각 단계를 설명한 것이다. 오늘날의 데프콘 4는 봉수의 5거제 중 어디에 가장 가까운가?

> • 봉수제 : 봉수대에서는 거수를 달리하여 정세의 완급을 나타냈는데 평상시에는 1거, 왜적이 해상에 나타나거나 적이 국경에 나타나면 2거, 왜적이 해안에 가까이 오거나 적이 변경에 가까이 오면 3거, 우리 병선과 접전하거나 국경을 침범하면 4거, 왜적이 상륙하거나 국경에 침범한 적과 접전하면 5거씩 올리도록 하였다.
>
> • 데프콘 : 데프콘은 정보감시태세인 워치콘 상태의 분석 결과에 따라 전군에 내려지는데 데프콘 5는 적의 위협이 없는 안전한 상태일 때, 데프콘 4는 적과 대립하고 있으나 군사개입 가능성이 없는 상태일 때, 데프콘 3은 중대하고 불리한 영향을 초래할 수 있는 긴장상태가 전개되거나 군사개입 가능성이 있을 때, 데프콘 2는 적이 공격 준비태세를 강화하려는 움직임이 있을 때, 데프콘 1은 중요 전략이나 전술적 적대행위 징후가 있고 전쟁이 임박해 전쟁계획 시행을 위한 준비가 요구되는 최고준비태세일 때 발령된다.

① 1거   ② 2거

③ 3거   ④ 4거

⑤ 5거

6 다음 중 위 글의 '봉수'에 해당하는 한자로 옳은 것은?

① 烽燧   ② 逢受

③ 鳳首   ④ 封手

⑤ 峯岫

7 다음의 내용을 근거로 할 때, 단어의 쓰임이 적절하지 않은 것은?

> ○ 동조(同調)「명사」
>   남의 주장에 자기의 의견을 일치시키거나 보조를 맞춤.
> ○ 방조(幇助/幫助)「명사」『법률』
>   형법에서, 남의 범죄 수행에 편의를 주는 모든 행위.
> ○ 협조(協調)「명사」
>   「1」힘을 합하여 서로 조화를 이룸.
>   「2」생각이나 이해가 대립되는 쌍방이 평온하게 상호 간의 문제를 협력하여 해결하려 함.

① 마을 사람들은 이장의 의견에 동조했다.

② 회사 발전을 위해 노사가 서로 방조해야 한다.

③ 고개를 끄덕여 그에게 동조하는 태도를 보였다.

④ 그는 그 사건을 방조한 혐의로 전국에 수배되었다.

⑤ 업무 추진을 위해 관계 부처와 긴밀하게 협조해야 한다.

8 다음 (   )에 공통으로 들어갈 가장 적절한 단어의 기본형은?

> ㉠ 그들의 만남은 삼사 년 전부터 (   ) 시작했다.
> ㉡ 공원에서 길이 (   ) 바람에 하루 종일 만나지 못했다.
> ㉢ 형제는 부모님의 기대에 (   ) 않도록 열심히 노력했다.

① 어긋나다

② 어울리다

③ 스러지다

④ 나아가다

⑤ 부응하다

9 다음 글의 내용과 일치하지 않는 것은?

> 정치 철학자로 알려진 아렌트 여사는 우리가 보통 '일'이라 부르는 활동을 '작업'과 '고역'으로 구분한다. 이 두 가지 모두 인간의 노력, 땀과 인내를 수반하는 활동이며, 어떤 결과를 목적으로 하는 활동이다. 그러나 전자가 자의적인 활동인 데 반해서 후자는 타의에 의해 강요된 활동이다. 전자의 활동을 창조적이라 한다면 후자의 활동은 기계적이다. 창조적 활동의 목적이 작품 창작에 있다면, 후자의 활동 목적은 상품 생산에만 있다.
>
> 전자, 즉 '작업'이 인간적으로 수용될 수 있는 물리적 혹은 정신적 조건하에서 이루어지는 '일'이라면 '고역'은 그 정반대의 조건에서 행해진 '일'이라는 것이다. 인간은 언제 어느 곳에서든지 '일'이라고 불리는 활동에 땀을 흘리며 노력해 왔고, 현재도 그렇고, 아마도 앞으로도 영원히 그럴 것이다. 구체적으로 어떤 종류의 일이 '작업'으로 불릴 수 있고 어떤 일이 '고역'으로 분류될 수 있느냐는 그리 쉬운 문제가 아니다. 그러나 일을 작업과 고역으로 구별하고 그것들을 위와 같이 정의할 때 고역으로서 일의 가치는 부정되어야 하지만 작업으로서 일은 오히려 찬미되고, 격려되며 인간으로부터 빼앗아 가서는 안 될 귀중한 가치라고 봐야 한다.
>
> '작업'으로서의 일의 내재적 가치와 존엄성은 이런 뜻으로서 일과 인간의 인간됨과 뗄 수 없는 필연적 관계를 갖고 있다는 사실에서 생긴다. 분명히 일은 노력과 아픔을 필요로 하고, 생존을 위해 물질적으로는 물론 정신적으로도 풍요한 생활을 위한 도구적 기능을 담당한다.

① 인간은 생존을 위해서 일을 한다.
② 일은 노력, 땀과 인내를 필요로 한다.
③ 일은 어떤 결과를 목적으로 하는 활동이다.
④ 일은 물질적인 것보다 정신적 풍요를 위한 도구이다.
⑤ 작업으로서의 일은 빼앗아 가서는 안 될 귀중한 가치이다.

10 길이가 30cm, 40cm인 양초 2자루가 있다. 불을 붙이면 길이가 30cm인 양초는 1분에 0.2cm씩 짧아진다고 한다. 동시에 불을 붙였을 때, 타고 남은 두 양초가 길이가 같아지는 것은 25분 후라면 40cm인 양초는 1분에 몇 cm씩 짧아지는 것인가?

① 0.3cm
② 0.4cm
③ 0.5cm
④ 0.6cm
⑤ 0.7cm

11 다음은 민주가 야간에 본 사람의 성별을 구분하는 능력에 대한 실험 결과표이다. 민주가 야간에 본 사람의 성별을 정확하게 구분할 확률은 얼마인가?

실제성별 \ 민주의 판정	여자	남자	계
여자	34	15	49
남자	16	35	51
계	50	50	100

① 68% ② 69%

③ 70% ④ 71%

⑤ 72%

12 다음 표는 A카페의 커피 판매정보에 대한 자료이다. 한 잔만을 더 판매하고 영업을 종료한다고 할 때, 총이익이 정확히 64,000원이 되기 위해서 판매해야 하는 메뉴는?

〈표〉 A카페의 커피 판매정보

(단위 : 원, 잔)

메뉴 \ 구분	한 잔 판매가격	현재까지의 판매량	한 잔당 재료(재료비)				
			원두 (200)	우유 (300)	바닐라시럽 (100)	초코시럽 (150)	캐러멜시럽 (250)
아메리카노	3,000	5	○	×	×	×	×
카페라떼	3,500	3	○	○	×	×	×
바닐라라떼	4,000	3	○	○	○	×	×
카페모카	4,000	2	○	○	×	○	×
캐러멜마끼아또	4,300	6	○	○	○	×	○

※ 1) 메뉴별 이익＝(메뉴별 판매가격－메뉴별 재료비)×메뉴별 판매량

2) 총이익은 메뉴별 이익의 합이며, 다른 비용은 고려하지 않음

3) A카페는 5가지 메뉴만을 판매하며, 메뉴별 한 잔 판매가격과 재료비는 변동 없음

4) ○ : 해당 재료 한 번 사용

× : 해당 재료 사용하지 않음

① 아메리카노 ② 카페라떼

③ 바닐라라떼 ④ 카페모카

⑤ 캐러멜마끼아또

13 서원각은 전일 온라인으로 주문받은 제품의 케이스와 전자 제품을 별개로 포장하여 택배로 배송하였다. 제품 케이스 하나의 무게는 1.8kg으로 택배 비용은 총 46,000원이고, 전자 제품은 무게가 개당 2.5kg으로 총 56,000원의 택배 비용이 들었다. 배송처는 서울과 지방에 산재해 있으며, 각 배송처로 전자 제품과 제품 케이스가 각각 하나씩 배송되었다. 이 제품이 배달된 배송처는 모두 몇 곳인가? (단, 각 배송처에는 제품과 제품 케이스가 하나씩 배달되었고 택배 요금은 다음 표와 같다)

구분	2kg 이하	4kg 이하	6kg 이하	8kg 이하
서울	4,000원	5,000원	7,000원	9,000원
지방	5,000원	6,000원	8,000원	11,000원

① 4곳
② 8곳
③ 10곳
④ 12곳
⑤ 14곳

▌14-15 ▌ 다음은 방화, 뺑소니 발생현황에 대한 표이다. 물음에 답하시오.

(단위 : 건)

구분	2015년	2016년	2017년	2018년	2019년	2020년	2021년
방화	6,580	6,627	6,978	7,359	7,855	7,751	7,119
뺑소니	2,446	2,440	2,868	3,206	2,920	3,750	4,325
계	9,026	9,067	9,846	10,565	10,775	11,501	11,444

14 방화 및 뺑소니의 발생빈도의 합이 10,000건 이상인 해의 발생 건수를 모두 더하면?

① 44,255

② 44,265

③ 44,275

④ 44,285

⑤ 44,295

15 위 표를 통해 알 수 있는 내용은?

① 방화범죄는 2019년에 정점을 찍은 후 조금씩 감소하고 있다.

② 뺑소니범죄는 2016년부터 매년 꾸준히 증가하고 있다.

③ 뺑소니범의 대부분은 10대 청소년들이다.

④ 방화범들은 주로 새벽시간대를 노린다.

⑤ 2013년부터 뺑소니 발생은 꾸준히 증가하였다.

|16-18| 다음은 연도별 최저임금 현황을 나타낸 표이다. 물음에 답하시오.

(단위 : 원, %, 천 명)

구분	2016년	2017년	2018년	2019년	2020년	2021년	2022년
시간급 최저임금	6,030	6,470	7,530	8,350	8,590	8,720	9,160
전년대비 인상률(%)	8.1	7.3	16.4	10.9	2.9	1.5	5.1
영향률(%)	13.8	13.1	15.9	14.2	13.7	14.7	x
적용대상 근로자 수	15,351	15,882	16,103	16,479	17,048	17,510	17,734
수혜 근로자 수	2,124	2,085	2,566	2,336	2,343	y	2,565

* 영향률 = 수혜 근로자수 / 적용대상 근로자수 × 100

16 2022년 영향률은 몇 %인가?

① 14.1%
② 14.3%
③ 14.5%
④ 14.7%
⑤ 14.9%

17 2021년 수혜 근로자 수는 몇 명인가?

① 약 255만 3천 명
② 약 256만 5천 명
③ 약 257만 4천 명
④ 약 258만 2천 명
⑤ 약 260만 2천 명

18 표에 대한 설명으로 옳지 않은 것은?

① 시간급 최저임금은 매해 조금씩 증가하고 있다.
② 최저임금은 2017년에서 2018년이 될 때, 가장 큰 증가폭을 보였다.
③ 영향률은 불규칙적인 증감의 추세를 보이고 있다.
④ 2023년의 전년대비 인상률이 2022년과 같을 경우 2023년 시간급 최저임금은 약 9,630원이다.
⑤ 적용대상 근로자 수와 수혜 근로자 수는 비례한다.

19 甲회사 인사부에 근무하고 있는 H부장은 각 과의 요구를 모두 충족시켜 신규직원을 배치하여야 한다. 각 과의 요구가 다음과 같을 때 홍보과에 배정되는 사람은 누구인가?

〈신규직원 배치에 대한 각 과의 요구〉
• 관리과 : 5급이 1명 배정되어야 한다.
• 홍보과 : 5급이 1명 배정되거나 6급이 2명 배정되어야 한다.
• 재무과 : B가 배정되거나 A와 E가 배정되어야 한다.
• 총무과 : C와 D가 배정되어야 한다.

〈신규직원〉
• 5급 2명(A, B)
• 6급 4명(C, D, E, F)

① A   ② B
③ C와 D   ④ D와 F
⑤ E와 F

20 서초고 체육 대회에서 찬수, 민경, 석진, 린 네 명이 달리기를 하였는데 네 사람의 성은 가나다라 순으로 "강", "김", "박", "이"이다. 다음을 보고 성과 이름이 맞게 연결된 것을 고르면?

• 강 양은 "내가 넘어지지만 않았어도…"라며 아쉬워했다.
• 석진이는 성이 "이"인 사람보다 빠르지만, 민경이 보다는 늦다.
• 자기 딸이 1등을 했다고 아버지 "김"씨는 매우 기뻐했다.
• 찬수는 꼴찌가 아니다.
• 민경이와 린이만 여자이다.

① 이찬수, 김민경, 박석진, 강린   ② 김찬수, 이민경, 강석진, 박린
③ 박찬수, 강민경, 이석진, 김린   ④ 김찬수, 박민경, 강석진, 이린
⑤ 강찬수, 김민경, 이석진, 박린

21 언어영역 3문항, 수리영역 4문항, 외국어영역 3문항, 사회탐구영역 2문항이 있다. A, B, C, D 네 사람에게 3문항씩 각각 다른 영역의 문항을 서로 중복되지 않게 나누어 풀게 하였다. 다음은 네 사람이 푼 문항을 조사한 결과 일부이다. 항상 옳은 것은?

> • A는 언어영역 1문항을 풀었다.
> • B는 외국어영역 1문항을 풀었다.
> • C는 사회탐구영역 1문항을 풀었다.
> • D는 외국어영역 1문항을 풀었다.

① A가 외국어영역 문항을 풀었다면 D는 언어영역 문항을 풀었다.
② A가 외국어영역 문항을 풀었다면 C는 언어영역 문항을 풀었다.
③ A가 외국어영역 문항을 풀었다면 B는 언어영역 문항을 풀었다.
④ A가 사회탐구영역 문항을 풀었다면 D는 언어영역 문항을 풀지 않았다.
⑤ 알 수 없다.

22 M사의 총무팀에서는 A 부장, B 차장, C 과장, D 대리, E 대리, F 사원이 각각 매 주말마다 한 명씩 사회봉사활동에 참여하기로 하였다. 이들이 다음에 따라 사회봉사활동에 참여할 경우, 두 번째 주말에 참여할 수 있는 사람으로 짝지어진 것은?

> 1. B 차장은 A 부장보다 먼저 봉사활동에 참여한다.
> 2. C 과장은 D 대리보다 먼저 봉사활동에 참여한다.
> 3. B 차장은 첫 번째 주 또는 세 번째 주에 봉사활동에 참여한다.
> 4. E 대리는 C 과장보다 먼저 봉사활동에 참여하며, E 대리와 C 과장이 참여하는 주말 사이에는 두 번의 주말이 있다.

① A 부장, B 차장
② D 대리, E 대리
③ E 대리, F 사원
④ B 차장, C 과장, D 대리
⑤ E 대리

23 핸드폰을 제조하고 있는 P기업에서는 기존에 있던 핸드폰 갑, 을 외에 이번에 새로이 핸드폰 병을 만들었다. 핸드폰 각각의 가격이나 기능, 모양은 아래에 있는 표와 같으며 P기업에서는 이번에 만든 병을 이용해 기존에 만들었던 갑을 팔려고 한다. 이 때 필요한 핸드폰 병의 기준으로 알맞은 조건을 고르시오.

〈핸드폰 갑 · 을 · 병의 비교〉

	갑	을	병
가격	A	B	C
기능	D	E	F
디자인	G	H	I
서비스 기간	J	K	L
사은품	M	N	O

〈조건〉

- 가격 : A가 B보다 값이 싸다.
- 기능 : D와 E의 기능은 같다.
- 디자인 : G는 H보다 모양이 좋다.
- 서비스 기간 : J는 K와 같다.

① C는 A보다 값이 싸야 한다.
② F는 E보다 기능이 좋아야 한다.
③ I는 G보다 디자인이 나빠야 한다.
④ L은 K보다 서비스 기간이 길어야 한다.
⑤ O는 N보다 사은품이 많아야 한다.

24 민수, 영희, 인영, 경수 네 명이 원탁에 둘러앉았다. 민수는 영희의 오른쪽에 있고, 영희와 인영은 마주보고 있다. 경수의 오른쪽과 왼쪽에 앉은 사람을 차례로 짝지은 것은?

① 영희 – 민수
② 영희 – 인영
③ 인영 – 영희
④ 민수 – 인영
⑤ 민수 – 영희

25 다음은 신용 상태가 좋지 않은 일반인들을 상대로 운용되고 있는 국민행복기금의 일종인 '바꿔드림론'의 지원대상자에 관한 내용이다. 다음 내용을 참고할 때, 바꿔드림론의 대상이 되지 않는 사람은 누구인가? (단, 보기에서 언급되지 않은 사항은 자격요건을 충족하는 것으로 가정한다)

구분		자격요건	300+80+60=440비고
신용등급		6 ~ 10등급	연소득 3.5천만 원 이하인 분 또는 특수채무자는 신용등급 제한 없음
연소득	급여소득자 등	4천만 원 이하	부양가족 2인 이상인 경우에는 5천만 원 이하
	자영업자	4.5천만 원 이하	사업자등록 된 자영업자
지원대상 고금리 채무 (연 20% 이상 금융채무)	채무총액 1천만 원↑	6개월 이상 정상상환	보증채무, 담보대출, 할부금융, 신용카드 사용액(신용구매, 현금서비스, 리볼빙 등)은 제외
	채무총액 1천만 원↓	3개월 이상 정상상환	*상환기간은 신용보증신청일 기준으로 산정됩니다.

※ 제외대상
• 연 20% 이상 금융채무 총액이 3천만 원을 초과하는 분
• 소득에 비해 채무액이 과다한 분(연소득 대비 채무상환액 비율이 40%를 초과하는 분)
• 현재 연체중이거나 과거 연체기록 보유자, 금융채무 불이행 자 등

① 법정 최고 이자를 내고 있으며 금융채무액이 2.5천만 원인 A씨
② 2명의 자녀와 아내를 부양가족으로 두고 연 근로소득이 4.3천만 원인 B씨
③ 신용등급이 4등급으로 연체 이력이 없는 C씨
④ 저축은행으로부터 받은 신용대출금에 대해 연 18%의 이자를 내며 8개월 째 매달 원리금을 상환하고 있는 D씨
⑤ 연 급여소득 3.8천만 원이며 채무액이 1천만 원인 E씨

26 다음은 유진이가 학교에 가는 요일에 대한 설명이다. 이들 명제가 모두 참이라고 가정할 때, 유진이가 학교에 가는 요일은?

> ㉠ 목요일에 학교에 가면 월요일엔 학교에 가지 않는다.
> ㉡ 금요일에 학교에 가면 수요일에 학교에 간다.
> ㉢ 화요일에 학교에 가면 수요일에 학교에 가지 않는다.
> ㉣ 금요일에 학교에 가지 않으면 월요일에 학교에 간다.
> ㉤ 유진이는 화요일에 학교에 가지 않는다.

① 월, 수   ② 월, 수, 금
③ 수, 목, 금   ④ 수, 금
⑤ 목, 금

27 다음 중 대인관계능력에 대한 정의로 옳은 것은?

① 직장생활에서 문서나 상대방이 하는 말의 의미를 파악하고 자신의 의사를 정확하게 표현하며 간단한 외국어 자료를 읽거나 외국인의 의사표시를 이해하는 능력
② 직업인으로서 자신의 능력, 적성, 특성 등을 이해하고 목표성취를 위해 스스로를 관리하며 개발해 나가는 능력
③ 직장생활에서 협조적인 관계를 유지하고 조직구성원들에게 도움을 줄 수 있으며 조직 내·외부의 갈등을 원만히 해결하고 고객의 요구를 충족시켜줄 수 있는 능력
④ 목표와 현상을 분석하고 이 결과를 토대로 과제를 도출하여 최적의 해결책을 찾아 실행하고 평가해 나가는 능력
⑤ 업무를 수행하는데 필요한 도구, 수단 등에 관한 기술의 원리 및 절차를 이해하고, 적절한 기술을 선택하여 업무에 적용하는 능력

28 공연기획사인 A사는 이번에 주최한 공연을 보러 오는 관객을 기차역에서 공연장까지 버스로 수송하기로 하였다. 다음의 표와 같이 공연 시작 4시간 전부터 1시간 단위로 전체 관객 대비 기차역에 도착하는 관객의 비율을 예측하여 버스를 운행하고자 하며, 공연 시작 시간까지 관객을 모두 수송해야 한다. 다음을 바탕으로 예상한 수송 시나리오 중 옳은 것을 모두 고르면?

■ 전체 관객 대비 기차역에 도착하는 관객의 비율

시각	전체 관객 대비 비율(%)
공연 시작 4시간 전	a
공연 시작 3시간 전	b
공연 시작 2시간 전	c
공연 시작 1시간 전	d
계	100

• 전체 관객 수는 40,000명이다.
• 버스는 한 번에 대당 최대 40명의 관객을 수송한다.
• 버스가 기차역과 공연장 사이를 왕복하는 데 걸리는 시간은 6분이다.

■ 예상 수송 시나리오

㉠ a = b = c = d = 25라면, 회사가 전체 관객을 기차역에서 공연장으로 수송하는 데 필요한 버스는 최소 20대이다.

㉡ a = 10, b = 20, c = 30, d = 40이라면, 회사가 전체 관객을 기차역에서 공연장으로 수송하는 데 필요한 버스는 최소 40대이다.

㉢ 만일 공연이 끝난 후 2시간 이내에 전체 관객을 공연장에서 기차역까지 버스로 수송해야 한다면, 이때 회사에게 필요한 버스는 최소 50대이다.

---

① ㉠

② ㉡

③ ㉠, ㉡

④ ㉠, ㉢

⑤ ㉡, ㉢

29 다음 중 동기부여 방법으로 옳지 않은 것은?

① 긍정적 강화법을 활용한다.

② 새로운 도전의 기회를 부여한다.

③ 몇 가지 코칭을 한다.

④ 일정기간 교육을 실시한다.

⑤ 변화를 두려워하지 않는다.

30 다음 설명에 해당하는 협상 과정은?

> • 협상 당사자들 사이에 상호 친근감을 쌓음
> • 간접적인 방법으로 협상의사를 전달함
> • 상대방의 협상의지를 확인함
> • 협상진행을 위한 체제를 짬

① 협상 시작

② 상호 이해

③ 실질 이해

④ 해결 대안

⑤ 합의 문서

31 귀하는 서문대학 대졸 공채 입학사정관의 조직구성원들 간의 원만한 관계 유지를 위한 갈등관리 역량에 관해 입학사정관 인증교육을 수료하게 되었다. 인증교육은 다양한 갈등사례를 통해 갈등과정을 시뮬레이션 함으로써 바람직한 갈등해결방법을 모색하는 데 중점을 두고 있다. 입학사정관이 교육을 통해 습득한 갈등과정을 바르게 나열한 것을 고르시오.

① 대결 국면 – 의견불일치 – 진정 국면 – 격화 국면 – 갈등의 해소
② 의견 불일치 – 격화 국면 – 대결 국면 – 갈등의 해소 – 진정 국면
③ 의견 불일치 – 진정 국면 – 격화 국면 – 대결 국면 – 갈등의 해소
④ 대결 국면 – 의견불일치 – 격화 국면 – 진정 국면 – 갈등의 해소
⑤ 의견 불일치 – 대결 국면 – 격화 국면 – 진정 국면 – 갈등의 해소

32 다음 중 대인관계 향상 방법으로 옳지 않은 것은?

① 상대방에 대한 경계심
② 언행일치
③ 사소한 일에 대한 관심
④ 약속의 이행
⑤ 기대의 명확화

33 김 대리는 사내 교육 중 하나인 리더십 교육을 들은 후 관련 내용을 다음과 같이 정리하였다. 다음 제시된 내용을 보고 잘못 정리한 부분을 찾으면?

임파워먼트	
개념	• 리더십의 핵심 개념 중 하나, '권한 위임'이라고 할 수 있음 • ㉠ 조직 구성원들을 신뢰하고 그들의 잠재력을 믿으며, 그 잠재력의 개발을 통해 고성과 조직이 되도록 하는 일련의 행위 • 권한을 위임받았다고 인식하는 순간부터 직원들의 업무효율성은 높아짐
충족기준	• 여건의 조성 : 임파워먼트는 사람들이 자유롭게 참여하고 기여할 수 있는 일련의 여건들을 조성하는 것 • ㉡ 재능과 에너지의 극대화 : 임파워먼트는 사람들의 재능과 욕망을 최대한으로 활용할 뿐만 아니라, 나아가 확대할 수 있도록 하는 것 • 명확하고 의미 있는 목적에 초점 : 임파워먼트는 사람들이 분명하고 의미 있는 목적과 사명을 위해 최대의 노력을 발휘하도록 해주는 것
여건	• 도전적이고 흥미 있는 일 • 학습과 성장의 기회 • ㉢ 높은 성과와 지속적인 개선을 가져오는 요인들에 대한 통제 • 성과에 대한 지식 • 긍정적인 인간관계 • 개인들이 공헌하며 만족한다는 느낌 • 상부로부터의 지원
장애요인	• 개인 차원 : 주어진 일을 해내는 역량의 결여, 동기의 결여, 결의의 부족, 책임감 부족, 의존성 • ㉣ 대인 차원 : 다른 사람과의 성실성 결여, 약속 불이행, 성과를 제한하는 조직의 규범, 갈등 처리 능력 부족, 제한된 정책과 절차 • ㉤ 관리 차원 : 통제적 리더십 스타일, 효과적 리더십 발휘 능력 결여, 경험 부족, 정책 및 기획의 실행 능력 결여, 비전의 효과적 전달 능력 결여 • 조직 차원 : 공감대 형성이 없는 구조와 시스템

① ㉠

② ㉡

③ ㉢

④ ㉣

⑤ ㉤

34 협상에 있어 상대방을 설득시키는 일은 필수적이며 그 방법은 상황과 상대방에 따라 매우 다양하게 나타나고, 이에 따라 상대방을 설득하기 위한 협상 전략은 몇 가지로 구분될 수 있다. 협상 시 상대방을 설득시키기 위하여 상대방 관심사에 대한 정보를 확인 후 해당 분야의 전문가를 동반 참석시켜 우호적인 분위기를 이끌어낼 수 있는 전략은 어느 것인가?

① 호혜관계 형성 전략　　　　　　　② 권위 전략
③ 반항심 극복 전략　　　　　　　　④ 헌신과 일관성 전략
⑤ 사회적 입증 전략

35 놀이시설 서비스 기업에서 서비스 향상을 통한 고객만족이라는 결과를 도출해내기 위해 5개 서비스 팀의 팀장들이 모여 모니터링을 하며 분석하고 있다. 이 중 해당 사례에서 다루고 있는 고객에 대한 내용을 정확하게 분석하고 있는 팀장은 누구인가?

> (사례) 놀이시설을 이용함에 있어 아이들의 신장제한에 대해 단체로 부모와 동반해서 방문하는 아이들이 다른 친구들은 다 놀이시설 이용을 하는데, 내 자녀의 경우에만 키가 작은 관계로 놀이시설을 활용하지 못하게 될 시에 이런 아이들의 신장제한 및 이용권 등에 대한 환불을 요청하게 되는 경우가 많다. 특히 자신의 자녀가 신장이 미달되어 즐겁게 놀이시설을 이용하지 못하게 되는 경우에 해당 부모와 자녀는 깊은 상실감에 빠지며 자녀의 경우에는 스스로의 작은 신장에 대해 억울해하며 다른 자녀들이 즐겁게 즐기는 놀이시설을 내 자녀만 이용하지 못한다는 생각에 그에 대한 화풀이로서 사소한 이유를 갖다 붙이면서 컴플레인을 제기한다. 그런 경우 일선의 직원들은 해당 부모의 마음을 이해하고 이에 대한 공감을 나타내며 상실감에 빠진 부모 및 아이들의 기분을 풀어주고 조언을 한다. 이러한 경우의 고객은 고객 자신의 말을 끝까지 경청하게 되면 어느 정도의 화를 누르게 되며 이성적으로 돌아와서 오히려 해당 컴플레인은 빨리 종료할 수 있게 된다. 하지만 주의할 점은 고객의 말을 가로막거나 회사의 규정을 운운하게 되면 오히려 고객의 화를 부추기며 동시에 회사의 이미지도 실추할 우려가 생기게 되는 것이다.

① 혜인 : 스스로가 주어진 상황에 대한 의사결정을 하지 못하고 누군가가 해결해 주기만을 바라며 주변만 빙빙 돌면서 요점을 명확하게 말하지 않는 고객이지
② 인성 : 이런 고객들은 대체로 상대에 대해 무조건적으로 비꼬거나 빈정거림으로 인해 허영심이 강하고 꼬투리만을 잡아 작은 문제에 집착하는 고객이지
③ 선화 : 상당히 사교적인 고객이며, 타인이 자신을 좋아해주기를 바라는 욕구가 마음 깊이 내재화된 고객이라 할 수 있어
④ 영수 : 이런 고객의 경우에 자신의 방법만이 최선이라 생각하고 타인의 피드백은 받아들이려 하지 않으며 오히려 자신의 주장만을 관철시키기 위해 거만하며 도발적인 상황을 만드는 고객이지
⑤ 주희 : 이것저것 무조건적으로 캐묻고 고개를 갸우뚱거리는 의심이 많은 고객으로 애써서 해당 고객에게 비위를 맞추어주지 않아도 되는 고객이라 할 수 있어

36 다음은 경영전략의 추진과정을 도식화하여 나타낸 표이다. 표의 빈칸 ㈎ ~ ㈐에 대한 설명으로 적절하지 않은 것은?

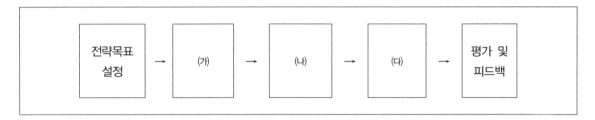

① ㈎에서는 SWOT 분석을 통해 기업이 처한 환경을 분석해 본다.

② ㈏에서는 조직과 사업부문의 전략을 수립한다.

③ ㈐에서는 경영전략을 실행한다.

④ ㈏에서는 경영전략을 도출하여 실행에 대한 모든 준비를 갖춘다.

⑤ ㈐에서는 경영 목표와 전략을 재조정할 수 있는 기회를 갖는다.

37 국제동향 파악 방법으로 옳지 않은 것은?

① 관련 분야 해외 사이트를 방문하여 최신 이슈를 확인한다.

② 해외 서점 사이트를 방문해 최신 서적 목록과 주요 내용을 파악한다.

③ 업무와 관련된 국제잡지를 정기 구독한다.

④ 일주일에 한 번씩 신문의 국제면을 읽는다.

⑤ 국제학술대회에 참여한다.

38 A 대기업 경영전략팀은 기업의 새로운 도약을 위하여 2022 1차 경영토론회를 주최 하였다. 다음 중 토론자들의 경영시장 종류에 대한 발언으로 옳지 않은 것을 고르시오.

① 블루오션은 아직 우리가 모르고 있는 가능성의 시장 공간이라 할 수 있습니다.

② 블루오션은 기존 산업의 경계선 바깥에서 새롭게 창출되는 시장을 말합니다.

③ 레드오션은 산업 간 경계선이 명확하게 그어져 있습니다.

④ 레드오션은 어떻게 경쟁자를 앞지를 것인가에 대한 '시장경쟁전략'을 말합니다.

⑤ 블루오션은 경쟁을 목표로 하고 존재하는 소비자와 현존하는 시장에 초점을 맞췄습니다.

39 다음의 조직 유형에 대한 설명 중 옳지 않은 것은?

① 비영리조직은 대표적으로 병원이나 대학이 있다.

② 영리조직은 대표적으로 친목회가 있다.

③ 소규모 조직은 대표적으로 가족 소유의 상점이 있다.

④ 대규모 조직은 대표적으로 대기업이 있다.

⑤ 비공식조직으로 동아리가 있다.

40 다음 글을 읽고 진성이가 소속된 부서로 알맞은 것을 고르면?

> 진성이가 소속된 부서는 매주 월요일마다 직원들이 모여 경영계획에 대한 회의를 한다. 이번 안건은 최근 문제가 된 중장기 사업계획으로, 이를 종합하여 조정을 하거나 적절하게 예산수립을 하기 위해 의견을 공유하는 자리가 되었다. 더불어 오후에는 기존의 사업의 손익을 추정하여 관리 및 분석을 통한 결과를 부장님께 보고하기로 하였다.

① 총무부   ② 인사부

③ 기획부   ④ 회계부

⑤ 영업부

41 D그룹 홍보실에서 근무하는 사원 민경씨는 2022년부터 적용되는 새로운 조직 개편 기준에 따라 홈페이지에 올릴 조직도를 만들려고 한다. 다음 조직도의 빈칸에 들어갈 것으로 옳지 않은 것은?

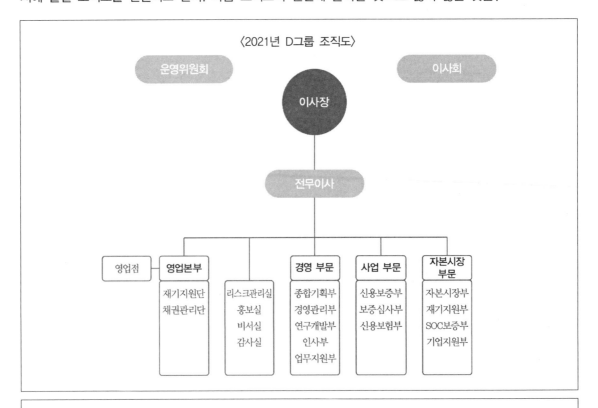

〈2021년 D그룹 조직도〉

2022년 D그룹 조직 개편 기준
• 명칭변경 : 사업부문 → 신용사업부문
• 감사위원회를 신설하고 감사실을 감사위원회 소속으로 이동한다.
• 경영부문을 경영기획부문과 경영지원부문으로 분리한다.
• 경영부문의 종합기획부, 경영관리부, 연구개발부는 경영기획부문으로 인사부, 업무지원부는 경영지원부문으로 각각 소속된다.
• 업무지원부의 IT 관련 팀을 분리하여 IT전략부를 신설한다.

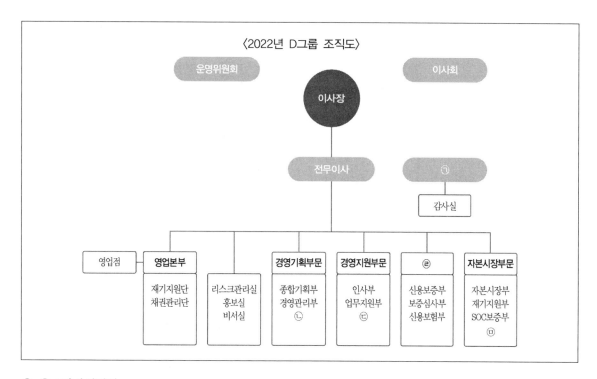

〈2022년 D그룹 조직도〉

① ㉠ : 감사위원회

② ㉡ : 연구개발부

③ ㉢ : IT전략부

④ ㉣ : 사업부문

⑤ ㉤ : 기업지원부

42 경영전략의 유형으로 흔히 차별화, 원가 우위, 집중화 전략을 꼽을 수 있다. 다음에 제시된 내용들 중, 차별화 전략의 특징으로 볼 수 없는 설명을 모두 고른 것은?

> ㉠ 브랜드 강화를 위한 광고비용이 증가할 수 있다.
> ㉡ 견고한 유통망은 제품 차별화와 관계가 없다.
> ㉢ 차별화로 인한 규모의 경제 활용에 제약이 있을 수 있다.
> ㉣ 신규기업 진입에 대한 효과적인 억제가 어렵다.
> ㉤ 제품에 대한 소비자의 선호체계가 확연히 구분될 경우 효과적인 차별화가 가능하다.

① ㉠㉡ 　　　　　　　　　② ㉡㉣
③ ㉡㉢ 　　　　　　　　　④ ㉣㉤
⑤ ㉢㉣

43 다음 설명의 빈칸에 들어갈 말이 순서대로 바르게 짝지어진 것은?

> (　　　)은(는) 상대 기업의 경영권을 획득하는 것이고, (　　　)은(는) 두 개 이상의 기업이 결합하여 법률적으로 하나의 기업이 되는 것이다. 최근에는 금융적 관련을 맺거나 또는 전략적인 관계까지 포함시켜 보다 넓은 개념으로 사용되고 있다. 기업은 이를 통해서 시장 지배력을 확대하고 경영을 다각화시킬 수 있으며 사업 간 시너지 효과 등을 거둘 수 있다. 이러한 개념이 발전하게 된 배경은 기업가 정신에 입각한 사회 공헌 실현 등 경영 전략적 측면에서 찾을 수 있다. 그러나 대상 기업의 대주주와 협상·협의를 통해 지분을 넘겨받는 형태를 취하는 우호적인 방식이 있는 반면 기존 대주주와의 협의 없이 기업 지배권을 탈취하는 적대적인 방식도 있다.

① 인수, 제휴 　　　　　　　② 인수, 합작
③ 인수, 합병 　　　　　　　④ 합병, 인수
⑤ 합병, 제휴

44 다음은 직업윤리에 대한 강좌에서 강사와 수강생들의 대화이다. 강사의 질문에 대한 답변으로 옳은 것만을 모두 고른 것은?

수강생 A : 직업 일반 윤리는 직업을 가지고 있는 모든 사람이 지켜야 할 도리입니다.

수강생 B : 직업별 윤리는 각각의 직업에 종사하는 직업인에게 요구되는 윤리적 규범을 말합니다.

강사 : 그럼 직업별 윤리에는 어떤 것이 있을까요?

㉠ 봉사, 책임 등의 공동체 윤리

㉡ 노사 관계 안에서의 근로자 및 기업가의 윤리

㉢ 직종별 특성에 맞는 법률, 규칙, 선언문, 윤리 요강

---

① ㉠

② ㉡

③ ㉠, ㉢

④ ㉡, ㉢

⑤ ㉠, ㉡, ㉢

45 직장에서의 소개 예절로 옳지 않은 것은?

① 나이 어린 사람을 연장자에게 소개한다.

② 신참자를 고참자에게 소개한다.

③ 반드시 성과 이름을 함께 말한다.

④ 동료를 고객에게 소개한다.

⑤ 빠르게 그리고 명확하게 말한다.

46 직업이 갖추어야 할 속성이 아닌 것은?

① 자발성

② 경제성

③ 일관성

④ 사회성

⑤ 윤리성

47 다음 중 직장 내에서 정직성에 어긋나는 사례로 적절한 것은?

① 출퇴근 시간을 엄격히 지킨다.

② 상품이 경쟁회사에 비해 품질이 떨어지는 부분이 있어도 판매 시 언급하지 않는다.

③ 점심시간이 부족하더라도 철저히 시간을 엄수한다.

④ 어쩔 수 없이 출근 시간을 지키지 못하더라도 변명을 하지 않는다.

⑤ 출근 전 자기계발을 위해 열심히 공부하는 시간을 갖는다.

48 원모는 입사 후 처음으로 회사의 회식에 참여하게 되었다. 하지만 사회생활이 처음인 원모에게 모든 것이 낯선 상황이다. 다음은 원모가 소속 중인 회사의 회식 및 음주예절에 관한 내용인데 아래의 선택지는 원모가 각 상황별로 해야 하는 행동이다. 이 중 가장 바르지 않은 것을 고르면?

① 술잔은 상위자에게 먼저 권하고 경우에 따라서 무릎을 꿇거나 또는 서서 잔을 따른다.

② 술을 마시지 않더라도 술잔을 입에 대었다가 내려놓는다.

③ 만약의 경우 선약이 있어서 중간에 회식자리를 떠날 시에는 사전 또는 중간에 상위자에게 보고하고 이석한다.

④ 건배 시에 잔을 부딪칠 때에는 상위자의 술잔보다 높게 들어야 한다.

⑤ 회식자리의 배치는 최상위자(주빈)를 맨 안쪽의 중간에 배치하며, 나머지는 최상위자와의 관계성, 송·환영 회식 등의 성격에 의해 자리에 착석한다.

49 다음 중 직장에서의 명함교환 예절로 옳지 않은 것은?

① 상대방에게서 명함을 받으면 받은 즉시 호주머니에 넣는다.

② 명함은 하위에 있는 사람이 먼저 꺼낸다.

③ 쌍방이 동시에 명함을 꺼낼 때에는 왼손으로 서로 교환하고 오른손으로 옮겨진다.

④ 명함은 반드시 명함 지갑에서 꺼내고 상대방에게 받은 명함도 명함 지갑에 넣는다.

⑤ 명함을 받으면 그대로 넣지 말고, 명함에 관한 대화를 건네 본다.

50 다음에서 설명하고 있는 직업윤리의 덕목은?

자신의 일이 자신의 능력과 적성에 꼭 맞는다고 여기고 그 일에 열성을 가지고 성실히 임하는 태도

① 소명의식

② 천직의식

③ 직분의식

④ 책임의식

⑤ 봉사의식

1 다음 중 김 씨에게 해 줄 수 있는 조언으로 적절하지 않은 것은 무엇인가?

> 기획팀 사원 김 씨는 좋은 아이디어를 가지고 있지만, 이를 제대로 표현하지 못한다. 평상시 성격도 소심하고 내성적이라 남들 앞에서 프레젠테이션을 하는 상황만 되면 당황하여 목소리가 떨리고 말이 잘 나오지 않는다. 머릿속엔 아무런 생각도 나지 않고 어떻게 하면 빨리 이 자리를 벗어날 수 있을까 궁리하게 된다. 아무리 발표 준비를 철저하게 하더라도 윗사람이 많은 자리나 낯선 상황에 가면 김 씨는 자신도 모르게 목소리가 작아지고 중얼거리며, 시선은 아래로 떨어져 한 곳을 응시하게 된다. 이뿐만 아니라 발표 내용은 산으로 흘러가고, 간투사를 많이 사용하여 상대와의 원활한 의사소통이 이루어지지 않는다.

① 프레젠테이션 전에 심호흡 등을 통해 마음의 평정을 유지해 보세요.

② 청중을 너무 의식하지 말고, 리허설을 통해 상황에 익숙해지도록 하세요.

③ 프레젠테이션을 할 때는 긴장이 되더라도 밝고 자신감 넘치는 표정과 박력 있는 목소리로 준비한 내용을 표현하세요.

④ 목소리 톤은 좋은데 몸동작이 부자연스러워 주의가 분산되고 있으니 상황에 따른 적절한 비언어적 표현을 사용하세요.

⑤ 청중을 바라볼 때는 한 곳을 응시하거나 아래를 보기보다는 Z자를 그리며 규칙성을 가지고 골고루 시선을 분배하세요.

풀이종료시간 : [   ] – [   ]
풀이소요시간 : [   ]분 [   ]초

2 다음 밑줄 친 ㉠ ~ ㉤ 중 문맥상 의미가 나머지 넷과 다른 것은?

> 코페르니쿠스 이론은 그가 죽은 지 거의 1세기가 지나도록 소수의 ㉠전향자밖에 얻지 못했다. 뉴턴의 연구는 '프린키피아(principia)'의 출간 이후 반세기가 넘도록, 특히 대륙에서는 일반적으로 ㉡수용되지 못했다. 프리스틀리는 산소이론을 전혀 받아들이지 않았고, 켈빈 경 역시 전자기 이론을 ㉢인정하지 않았으며, 이 밖에도 그런 예는 계속된다. 다윈은 그의 '종의 기원' 마지막 부분의 유난히 깊은 통찰력이 드러나는 구절에서 이렇게 적었다. "나는 이 책에서 제시된 견해들이 진리임을 확신하지만……. 오랜 세월 동안 나의 견해와 정반대의 관점에서 보아 왔던 다수의 사실들로 머릿속이 꽉 채워진 노련한 자연사 학자들이 이것을 믿어주리 라고는 전혀 ㉣기대하지 않는다. 그러나 나는 확신을 갖고 미래를 바라본다. 편견 없이 이 문제의 양면을 모두 볼 수 있는 젊은 신진 자연사 학자들에게 기대를 건다." 그리고 플랑크는 그의 '과학적 자서전'에서 자신의 생애를 돌아보면서, 서글프게 다음과 같이 술회하고 있다. "새로운 과학적 진리는 그 반대자들을 납득시키고 그들을 이해시킴으로써 ㉤승리를 거두기보다는, 오히려 그 반대자들이 결국에 가서 죽고 그것에 익숙한 세대가 성장하기 때문에 승리하게 되는 것이다."

① ㉠

② ㉡

③ ㉢

④ ㉣

⑤ ㉤

| 3-4 | 다음 글을 읽고 물음에 답하시오.

일명 ㉠광견병이라고도 하는 공수병은 오래 전부터 전 세계적으로 발생되어 온 인수공통감염병으로 우리나라에서는 제3군 ㉡감염병으로 지정되어 있다. 애완동물인 개에게 물리거나 공수병에 걸린 야생동물에 물려서 발생되며 미친개에게 물린 사람의 약 10~20%가 발병하고 연중 어느 시기에나 발생한다. 이러한 공수병은 개·여우·이리·고양이 같은 동물이 그 감염원이 되며 14일 내지 수개월의 잠복기를 거친 뒤 발생한다.

증세는 목 주변의 근육에 수축 경련이 일어나서 심한 갈증에 빠지지만 물 마시는 것을 피할 수밖에 없다는 뜻에서 ㉢공수병이라고 불러 왔다. 공수병에 대한 증상이나 치료법에 대한 기록은 고려·조선시대의 대표적인 의학서적인 「향약구급방」, 「향약집성방」, 「동의보감」 등에도 나온다. 하지만 공수병의 잠복기간이 비교적 길고 미친개에게 물리고 난 뒤에도 예방접종을 실시하면 대개는 그 무서운 공수병을 예방할 수 있어 1970년대 이후 거의 발생되지 않고 있으며 또한 지금은 모든 개에게 공수병 예방접종을 실시하고 만약 미친개에게 물리더라도 7~10일 동안 가두어 관찰한 뒤에 공수병이 발생하면 곧 예방주사를 놓아 치료를 받도록 하고 있다. 특히 오늘날 우리나라에서도 사람들이 개나 고양이 같은 애완동물을 많이 기르고 야외활동을 많이 하여 뜻하지 않은 공수병에 걸릴 위험성이 있으므로 관심을 기울여야 할 ㉣전염병이다. 개에게 물려 공수병이 발병하면 거의 회생하기가 어려우므로 평소 애완동물의 단속과 공수병 예방수칙에 따라 문 개를 보호·관찰하며 필요할 경우 재빨리 면역 혈청을 주사하고 예방접종을 실시해야 한다.

---

3 다음 중 옳지 않은 것은?

① 공수병은 광견병이라고도 하며 개·여우·이리·고양이 같은 동물들에게서 전염되는 인수공통전염병이다.

② 대표적인 증상으로는 심한 갈증과 함께 목 주변의 근육에 수축 경련이 일어난다.

③ 공수병은 고려·조선시대에도 발생했던 병으로 우리 선조들은 이 병에 대한 증상이나 처방법을 책으로 기록하기도 하였다.

④ 오늘날 공수병은 의학이 발달하여 그 치료제가 존재하고 모든 개에게 공수병 예방접종을 실시하고 있기 때문에 우리나라에서는 1970년대 이후 완전히 사라졌다.

⑤ 공수병이 발생하면 거의 회생하기가 어렵다.

4 밑줄 친 ㉠~㉣의 한자표기로 옳지 않은 것은?

① ㉠-狂犬病　　　　　　　　　② ㉡-感染病

③ ㉢-蚣水病　　　　　　　　　④ ㉣-傳染病

⑤ 모두 옳다.

5 다음은 근로장려금 신청자격 요건에 대한 정부제출안과 국회통과안의 내용이다. 이에 근거하여 옳은 내용을 고르면?

요건	정부제출안	국회통과안
총소득	부부의 연간 총소득이 1,700만 원 미만일 것(총소득은 근로소득과 사업소득 등 다른 소득을 합산한 소득)	좌동
부양자녀	다음 항목을 모두 갖춘 자녀를 2인 이상 부양할 것 (1) 거주자의 자녀이거나 동거하는 입양자일 것 (2) 18세 미만일 것(단, 중증장애인은 연령제한을 받지 않음) (3) 연간 소득금액의 합계액이 100만 원 이하일 것	다음 항목을 모두 갖춘 자녀를 1인 이상 부양할 것 (1)~(3) 좌동
주택	세대원 전원이 무주택자일 것	세대원 전원이 무주택자이거나 기준시가 5천만 원 이하의 주택을 한 채 소유할 것
재산	세대원 전원이 소유하고 있는 재산 합계액이 1억 원 미만일 것	좌동
신청 제외자	(1) 3개월 이상 국민기초생활보장급여 수급자 (2) 외국인(단, 내국인과 혼인한 외국인은 신청 가능)	좌동

① 정부제출안보다 국회통과안에 의할 때 근로장려금 신청자격을 갖춘 대상자의 수가 더 줄어들 것이다.

② 두 안의 총소득요건과 부양자녀요건을 충족하고, 소유 재산이 주택(5천만 원), 토지(3천만 원), 자동차(2천만 원)인 A는 정부제출안에 따르면 근로장려금을 신청할 수 없지만 국회통과안에 따르면 신청할 수 있다.

③ 소득이 없는 20세 중증장애인 자녀 한 명만을 부양하는 B가 국회통과안에서의 다른 요건들을 모두 충족하고 있다면 B는 국회통과안에 의해 근로장려금을 신청할 수 있다.

④ 총소득, 부양자녀, 주택, 재산 요건을 모두 갖춘 한국인과 혼인한 외국인은 정부제출안에 따르면 근로장려금을 신청할 수 없지만 국회통과안에 따르면 신청할 수 있다.

⑤ 총소득, 부양자녀, 주택, 재산 요건을 모두 갖추었다면, 국민기초생활보장급여 수급 여부와 관계없이 근로장려금을 신청할 수 있다.

┃6-7┃ 다음 글을 읽고 이어지는 물음에 답하시오.

식물의 생장에는 물이 필수적이다. 동물과 달리 식물은 잎에서 광합성을 통해 생장에 필요한 양분을 만들어 내는데, 물은 바로 그 원료가 된다. 물은 지구 중심으로부터 중력을 받기 때문에 높은 곳에서 낮은 곳으로 흐르지만, 식물은 지구 중심과는 반대 방향으로 자란다. 따라서 식물이 줄기 끝에 달려 있는 잎에 물을 공급하려면 중력의 반대 방향으로 물을 끌어 올려야 한다. 미국의 캘리포니아 레드우드 국립공원에는 세계에서 키가 가장 큰 세쿼이아가 있다. 이 나무는 키가 무려 112m에 이르며, 뿌리는 땅속으로 약 15m까지 뻗어 있다고 한다. 따라서 물이 뿌리에서 나무의 꼭대기에 있는 잎까지 도달하려면 127m나 끌어 올려져야 한다. 펌프 같은 장치도 보이지 않는데 대체 물이 어떻게 그 높은 곳까지 올라갈 수 있는 것일까? 식물은 어떤 힘을 이용하여 뿌리에서부터 잎까지 물을 끌어 올릴까? 식물이 물을 뿌리에서 흡수하여 잎까지 보내는 데는 뿌리압, 모세관 현상, 증산 작용으로 생긴 힘이 복합적으로 작용한다.

호박이나 수세미의 잎을 모두 떼어 내고 뿌리와 줄기만 남기고 자른 후 뿌리 끝을 물에 넣어 보면, 잘린 줄기 끝에서는 물이 힘차게 솟아오르지는 않지만 계속해서 올라온다. 뿌리털을 둘러싼 세포막을 경계로 안쪽은 땅에 비해 여러 가지 유기물과 무기물들이 더 많이 섞여 있어서 뿌리 바깥보다 용액의 농도가 높다. 다시 말해 뿌리털 안은 농도가 높은 반면, 흙 속에 포함되어 있는 물은 농도가 낮다. 이때 농도의 균형을 맞추기 위해 흙 속에 있는 물 분자는 뿌리털의 세포막을 거쳐 물 분자가 상대적으로 적은 뿌리 내부로 들어온다. 이처럼 농도가 낮은 흙 속의 물을 농도가 높은 뿌리 쪽으로 이동시키는 힘이 생기는데, 이를 뿌리압이라고 한다. 즉 뿌리압이란 뿌리에서 물이 흡수될 때 밀고 들어오는 압력으로, 물을 위로 밀어 올리는 힘이다.

물이 담긴 그릇에 가는 유리관을 꽂아 보면 유리관을 따라 물이 올라가는 것을 관찰할 수 있다. 이처럼 가는 관과 같은 통로를 따라 액체가 올라가거나 내려가는 것을 모세관 현상이라고 한다. 모세관 현상은 물 분자와 모세관 벽이 결합하려는 힘이 물 분자끼리 결합하려는 힘보다 더 크기 때문에 일어난다. 따라서 관이 가늘어질수록 물이 올라가는 높이가 높아진다. 식물체 안에는 뿌리에서 줄기를 거쳐 잎까지 연결된 물관이 있다. 물관은 말 그대로 물이 지나가는 통로인데, 지름이 75㎛(마이크로미터, 1㎛=0.001mm)로 너무 가늘어 눈으로는 볼 수 없다. 이처럼 식물은 물관의 지름이 매우 작기 때문에 ㉠모세관 현상으로 물을 밀어 올리는 힘이 생긴다.

뜨거운 햇볕이 내리쬐는 더운 여름철에는 큰 나무가 만들어 주는 그늘이 그렇게 고마울 수가 없다. 나무가 만들어 주는 그늘이 건물이 만들어 주는 그늘보다 더 시원한 이유는 무엇일까? 나무의 잎은 물을 수증기 상태로 공기 중으로 내보내는데, 이때 물이 주위의 열을 흡수하기 때문에 나무의 그늘 아래가 건물이 만드는 그늘보다 훨씬 시원한 것이다. 식물의 잎에는 기공이라는 작은 구멍이 있다. 기공을 통해 공기가 들락날락하거나 잎의 물이 공기 중으로 증발하기도 한다. 이처럼 식물체 내의 수분이 잎의 기공을 통하여 수증기 상태로 증발하는 현상을 ㉡증산 작용이라고 한다. 가로 세로가 10×10cm인 잔디밭에서 1년 동안 증산하는 물의 양을 조사한 결과, 놀랍게도 55톤이나 되었다. 이는 1리터짜리 페트병 5만 5천 개 분량에 해당하는 물의 양이다. 상수리나무는 6~11월 사이에 약 9,000kg의 물을 증산하며, 키가 큰 해바라기는 맑은 여름날 하루 동안 약 1kg의 물을 증산한다.

기공의 크기는 식물의 종류에 따라 다른데 보통 폭이 8㎛, 길이가 16㎛ 정도밖에 되지 않는다. 크기가 1cm²인 잎에는 약 5만 개나 되는 기공이 있으며, 그 대부분은 잎의 뒤쪽에 있다. 이 기공을 통해 그렇게 엄청난 양의 물이 공기 중으로 증발해 버린다. 증산 작용은 물을 식물체 밖으로 내보내는 작용으로, 뿌리에서 흡수된 물이 줄기를 거쳐 잎까지 올라가는 원동력이다. 잎의 세포에서는 물이 공기 중으로 증발하면서 아래쪽의 물 분자를 끌어 올리는 현상이 일어난다. 즉, 물 분자들은 서로 잡아당기는 힘으로써 연결되는데, 이는 물기둥을 형성하는 것과 같다. 사슬처럼 연결된 물기둥의 한쪽 끝을 이루는 물 분자가 잎의 기공을 통해 빠져 나가면 아래쪽 물 분자가 끌어 올려지는 것이다. 증산 작용에 의한 힘은 잡아당기는 힘으로 식물이 물을 끌어 올리는 요인 중 가장 큰 힘이다.

6 윗글의 내용과 일치하지 않는 것은?

① 식물의 종류에 따라 기공의 크기가 다르다.
② 식물의 뿌리압은 중력과 동일한 방향으로 작용한다.
③ 식물이 광합성 작용을 하기 위해서는 반드시 물이 필요하다.
④ 뿌리에서 잎까지 물 분자들은 사슬처럼 서로 연결되어 있다.
⑤ 물관 내에서 물 분자와 모세관 벽이 결합하려는 힘으로 물이 위로 이동한다.

7 ㉠과 ㉡에 대한 설명으로 적절하지 않은 것은?

① ㉠은 관의 지름에 따라 물이 올라가는 높이가 달라진다.
② ㉡이 일어나면 물이 식물체 내에서 빠져 나와 주변의 온도를 낮춘다.
③ ㉠에 의해서는 물의 상태가 바뀌지 않고, ㉡에 의해서는 물의 상태가 바뀐다.
④ ㉠으로 물을 위로 밀어 올리는 힘이, ㉡으로 물을 위에서 잡아당기는 힘이 생긴다.
⑤ ㉠에 의해 식물이 물을 밀어 올리는 힘보다 ㉡에 의해 식물이 물을 끌어 올리는 힘이 더 작다.

8 올해로 20살이 되는 5명의 친구들이 바다로 추억여행을 떠나기 위해 목적지, 교통편 등을 알아보고 마지막으로 숙소를 정하게 되었다. 도중에 이들은 국내 숙박업소에 대한 예약·취소·환불에 관한 기사 및 그래프를 접하게 되었다. 이를 보고 내용을 잘못 파악하고 있는 사람이 누구인지 고르면?

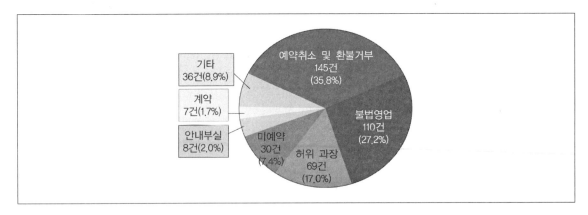

① A : 그래프에서 보면 숙박 애플리케이션 이용자들은 예약 취소 및 환불 거부 등에 가장 큰 불만을 가지고 있음을 알 수 있어

② B : 불법영업 및 허위·과장 등도 A가 지적한 원인 다음으로 많은데 이 두 건의 차이는 41건이야

③ C : 국내하고는 다르게 해외 업체의 경우에는 주로 불법영업 단속 요청이 많음을 알 수 있어

④ D : 위 그래프에 제시된 것으로 보아 이용자들이 불편을 느끼는 부분들에 대해 1순위는 예약취소 및 환불거부, 2순위는 불법영업, 3순위는 허위·과장, 4순위는 미예약, 5순위는 안내부실, 6순위는 계약, 7순위는 기타의 순이야

⑤ E : 아무래도 숙박 어플리케이션을 사용할 시에는 약관을 꼼꼼하게 살펴보고 숙박업소의 정보가 정확한지 확인할 필요가 있다고 생각해

9 다음의 글을 고치기 위한 의견으로 적절하지 않은 것은?

> 사막 지방 사람들은 여름에 ㉠햇빛 흡수가 용이한 검은 색 계열의 옷을 입는다. 일반적으로 검은 색 옷을 입으면 ㉡흰색 옷보다 옷 안의 온도가 6℃ 가량 더 올라간다. 따뜻해진 옷 안의 공기는 대류 현상에 의해 옷의 윗부분으로 올라와 목으로 빠져나간다. ㉢그런데 바깥의 공기가 다시 옷 안으로 스며든다. 이처럼 ㉣공기의 순환은 옷의 안과 밖을 돌기 때문에 옷 안에는 항상 바람이 불어 시원하게 된다. 그러므로 사막에서는 여름에 검은 색 계열의 옷을 입는 것이 ㉤오히려 생활의 지혜가 된다.

① ㉠은 '햇빛이 잘 흡수되는'으로 고치면 더 쉬워지겠어.

② ㉡은 비교 대상을 분명히 하기 위해 '흰색 옷을 입을 때보다'로 고쳐야겠어.

③ ㉢은 문맥의 흐름상 자연스럽지 않으므로 '그리고'로 바꿔야겠어.

④ ㉣은 뒤에 오는 '돌기 때문에'와의 호응을 고려하여 '공기가'로 고쳐야겠어.

⑤ ㉤은 뜻을 강조하기 위해 '가급적'으로 바꾸어야겠어.

10 다음 글에 대한 내용으로 가장 적절하지 않은 것은?

> 지속되는 불황 속에서도 남 몰래 웃음 짓는 주식들이 있다. 판매단가는 저렴하지만 시장점유율을 늘려 돈을 버는 이른바 '박리다매', '저가 실속형' 전략을 구사하는 종목들이다. 대표적인 종목은 중저가 스마트폰 제조업체에 부품을 납품하는 업체이다. A증권에 따르면 전 세계적으로 200달러 이하 중저가 스마트폰이 전체 스마트폰 시장에서 차지하는 비중은 2015년 11월 35%에서 지난 달 46%로 급증했다. 세계 스마트폰 시장 1등인 B전자도 최근 스마트폰 판매량 가운데 40% 가량이 중저가 폰으로 분류된다. 중저가용에 집중한 중국 C사와 D사의 2분기 세계 스마트폰 시장점유율은 전 분기 대비 각각 43%, 23%나 증가해 B전자나 E전자 10%대 초반 증가율보다 월등히 앞섰다. 이에 따라 국내외 스마트폰 업체에 중저가용 부품을 많이 납품하는 F사, G사, H사, I사 등이 조명 받고 있다.
>
> 주가가 바닥을 모르고 내려간 대형 항공주와는 대조적으로 저가항공주 주가는 최근 가파른 상승세를 보였다. J항공을 보유한 K사는 최근 두 달 새 56% 상승세를 보였다. 같은 기간 L항공을 소유한 M사 주가도 25% 가량 올랐다. 저가항공사 점유율 상승이 주가 상승으로 이어지는 것으로 보인다. 국내선에서 저가항공사 점유율은 2012년 23.5.%에서 지난 달 31.4%까지 계속 상승해왔다. 홍길동 ○○증권 리서치센터장은 "글로벌 복합위기로 주요국에서 저성장·저투자 기조가 계속되는 데다 개인들은 부채 축소와 고령화에 대비해야 하기 때문에 소비를 늘릴 여력이 줄었다."며 "값싸면서도 멋지고 질도 좋은 제품이 계속 주목받을 것"이라고 말했다.

① '박리다매'주식은 F사, G사, H사, I사의 주식이다.

② 저가항공사 점유율은 계속 상승세를 보이고 있는 반면 대형 항공주는 주가 하락세를 보였다.

③ 글로벌 복합위기와 개인들의 부채 축소, 고령화 대비에 따라 값싸고 질 좋은 제품이 주목받을 것이다.

④ B전자가 주력으로 판매하는 스마트폰이 중저가 폰에 해당한다.

⑤ J항공과 L항공은 저가항공주이다.

다음은 어느 기업의 해외 수출 상담실적에 관한 자료이다. 물음에 답하시오.

(단위 : 건)

구분	2019년	2020년	2021년
칠레	265	271	362
타이완	358	369	394
인도	503	548	566
호주	633	661	689
영국	481	496	518
미국	962	985	1,186
중국	897	968	1,098

11 이 회사의 대 칠레 수출 상담실적의 2021년 증감률은? (단, 소수 둘째자리에서 반올림하시오.)

① 33.2% ② 33.4%

③ 33.6% ④ 33.8%

⑤ 34.2%

12 2020년 이 회사의 아시아 국가 수출 상담실적은 아메리카(남 · 북 모두 포함) 국가의 몇 배인가? (단, 소수 둘째자리에서 반올림하시오.)

① 1.1배 ② 1.3배

③ 1.5배 ④ 1.7배

⑤ 2.1배

13 새로운 철로건설 계획에 따라 A, B, C의 세 가지 노선이 제시되었다. 철로 완공 후 연간 평균 기차 통행량은 2만 대로 추산될 때, 건설비용과 사회적 손실비용이 가장 큰 철로를 바르게 짝지은 것은?

- 각 노선의 총 길이는 터널구간 길이와 교량구간 길이 그리고 일반구간 길이로 구성된다.
- 건설비용은 터널구간, 교량구간, 일반구간 각각 1km당 1,000억 원, 200억 원, 100억 원이 소요된다.
- 운행에 따른 사회적 손실비용은 기차 한 대가 10km를 운행할 경우 1,000원이다.
- 다음 표는 각 노선의 구성을 보여 주고 있다.

노선	터널구간 길이	교량구간 길이	총 길이
A	1.2km	0.5km	10km
B	0	0	20km
C	0.8km	1.5km	15km

	건설비용이 가장 큰 철로	사회적 손실비용이 가장 큰 철로
①	A	B
②	B	C
③	C	A
④	A	C
⑤	C	B

14 다음 표는 국내 학술단체가 발간하는 학술지를 대상으로 2011~2021년 동안 발간한 논문의 정보를 분석한 통계자료이다. 아래 보기에서 언급하고 있는 주제 분야를 모두 바르게 나열한 것은?

〈국내 학술지 분야별 발간 현황〉

주제 분야	학술지 수	총 논문 수	총 저자 수	총 참고문헌 수
인문학	513권	108,973편	115,703명	1,251,003권
사회과학	676권	139,277편	216,282명	1,942,674권
자연과학	126권	74,457편	241,436명	668,564권
공학	256권	145,311편	450,782명	916,807권
의약학	241권	102,952편	489,842명	1,133,622권
농수해양	76권	35,491편	145,127명	351,794권
예술체육	112권	39,001편	69,446명	450,126권
복합학	100권	16,986편	30,608명	213,072권
합계	2,100권	662,448편	1,759,226명	6,927,662권

〈보기〉

㉠ 이 분야는 논문당 평균 저자 수가 가장 많다.
㉡ 이 분야는 학술지당 평균 저자 수가 인문학, 복합학 다음으로 적다.
㉢ 이 분야는 논문당 평균 저자 수가 4명보다 많으며, 논문당 평균 참고문헌 수는 10권을 넘지 않는다.
㉣ 이 분야는 논문당 평균 저자 수가 2명보다 적으며, 논문당 평균 참고문헌 수가 12권 이상으로 사회과학 다음으로 많다.

	㉠	㉡	㉢	㉣
①	의약학	사회과학	농수해양	복합학
②	인문학	사회과학	의약학	농수해양
③	인문학	사회과학	의약학	복합학
④	사회과학	의약학	농수해양	예술체육
⑤	인문학	의약학	농수해양	예술체육

15 다음 〈표〉는 ○○공사의 사업별 투자액 및 투자전망에 대한 자료이다. 이에 대한 설명으로 옳은 것을 고르시오.

〈○○공사 사업별 투자액 및 투자전망〉

(단위 : 억 원)

부서＼연도	2020	2021	2022	2030(예상)	2040(예상)
운송정보부	10.9	13.1	14.5	22.0	40.5
연구혁신처	21.0	24.0	27.7	41.4	83.2
전기운용부	5.6	6.5	7.3	9.9	18.2
휴먼안전센터	2.4	2.8	3.2	4.8	9.9
전체	39.9	46.4	52.7	78.1	151.8

① 2021년 증가율이 가장 큰 부서는 연구혁신처이다.

② 2030년 전체 위 부서의 사업별 투자액 및 투자전망에서 '운송정보부' 유형이 차지하는 비중은 30% 이하일 것으로 전망된다.

③ 2030~2040년 동안 '휴먼안전센터'의 투자전망은 매년 30% 이상 증가할 것으로 전망된다.

④ 사업별 투자액 및 투자전망에서 2020년 대비 2040년 증가율이 가장 높을 것으로 전망되는 시설유형은 '연구혁신처'이다.

⑤ 2020~2022년 동안 '전기운용부'의 사업별 투자액은 매년 15% 이상 증가하였다.

16 12분을 시속 8km로 달렸다면, 남은 거리를 적어도 얼마의 평균 속력으로 달려야 기념품을 받을 수 있는가?

① 시속 10.5km

② 시속 11.0km

③ 시속 11.5km

④ 시속 12.0km

⑤ 시속 12.5km

17 지훈, 영훈, 영호, 성민, 민수 5명 중에서 청소를 해야 할 친구 2명을 순서를 고려하지 않고 뽑을 경우 방법의 수는?

① 8가지
② 10가지
③ 12가지
④ 14가지
⑤ 16가지

18 다음은 주어진 문제에 대한 갑과 을의 대화이다. 을이 갑의 풀이가 옳지 않다고 했을 때, 책의 쪽수가 될 수 없는 것은?

어떤 책을 하루에 40쪽씩 읽으면 13일째에 다 읽는다고 한다. 이 책은 모두 몇 쪽인가?

갑 : 하루에 40쪽씩 읽고 13일째에 다 읽으니까 $40 \times 13 = 520$(쪽), 즉 이 책의 쪽수는 모두 520쪽이네.
을 : 꼭 그렇지만은 않아.

① 480쪽
② 485쪽
③ 490쪽
④ 500쪽
⑤ 510쪽

19 생산라인 A만으로 먼저 32시간 가동해서 제품을 생산한 후, 다시 생산라인 B를 가동하여 두 생산라인으로 10,000개의 정상제품을 생산하였다. 생산성과 불량품 비율이 다음과 같을 때, 10,000개의 정상제품을 생산하기 위해 생산라인을 가동한 총 시간을 구하면?

㉠ 불량품 체크 전 단계의 시제품 100개를 만드는 데, 생산라인 A는 4시간이 걸리고, 생산라인 B로는 2시간이 걸린다.

㉡ 두 라인을 동시에 가동하면 시간당 정상제품 생산량이 각각 20%씩 상승한다.

㉢ 생산라인 A의 불량률은 20%이고, B의 불량률은 10%이다.

---

① 132시간

② 142시간

③ 152시간

④ 162시간

⑤ 172시간

20 다음 제시된 조건을 보고, 만일 영호와 옥숙을 같은 날 보낼 수 없다면, 목요일에 보내야 하는 남녀사원은 누구인가?

영업부의 박 부장은 월요일부터 목요일까지 매일 남녀 각 한 명씩 두 사람을 회사 홍보 행사 담당자로 보내야 한다. 영업부에는 현재 남자 사원 4명(길호, 철호, 영호, 치호)과 여자 사원 4명(영숙, 옥숙, 지숙, 미숙)이 근무하고 있으며, 다음과 같은 제약 사항이 있다.

㉠ 매일 다른 사람을 보내야 한다.
㉡ 치호는 철호 이전에 보내야 한다.
㉢ 옥숙은 수요일에 보낼 수 없다.
㉣ 철호와 영숙은 같이 보낼 수 없다.
㉤ 영숙은 지숙과 미숙 이후에 보내야 한다.
㉥ 치호는 영호보다 앞서 보내야 한다.
㉦ 옥숙은 지숙 이후에 보내야 한다.
㉧ 길호는 철호를 보낸 바로 다음 날 보내야 한다.

① 길호와 영숙
② 영호와 영숙
③ 치호와 옥숙
④ 길호와 옥숙
⑤ 영호와 미숙

▌21-22▐ 다음은 N지역의 도시 열 요금표이다. 이를 보고 이어지는 물음에 답하시오.

구분	계약종별	용도	기본요금	사용요금	
온수	주택용	난방용	계약면적 m²당 52.40원	단일요금 : Mcal당 64.35원 계절별 차등요금 • 춘추절기 : Mcal당 63.05원 • 하절기 : Mcal당 56.74원 • 동절기 : Mcal당 66.23원	
		냉방용		5～9월	Mcal당 25.11원
				1～4월 10～12월	난방용 사용요금 적용
	업무용	난방용	계약용량 Mcal/h당 396.79원	단일요금 : Mcal당 64.35원 계절별 차등요금 • 수요관리 시간대 : Mcal당 96.10원 • 수요관리 이외의 시간대 : Mcal당 79.38원	
		냉방용		5～9월	• 1단 냉동기 Mcal당 34.20원 • 2단 냉동기 Mcal당 25.11원
				1～4월 10～12월	난방용 사용요금 적용
냉수	냉방용		계약용량 Mcal/h당 • 0부터 1,000Mcal/h까지 3,822원 • 다음 2,000Mcal/h까지 2,124원 • 다음 3,000Mcal/h까지 1,754원 • 3,000Mcal/h 초과 1,550원	Mcal당 • 첨두부하시간 : 135.41원 • 중간부하시간 : 104.16원 • 경부하시간 : 62.49원	

*계약면적 산정
 건축물관리대장 등 공부상의 세대별 전용면적의 합계와 세대별 발코니 확장면적의 합계 및 공용면적 중 해당 지역의 난방열을 사용하는 관리사무소, 노인정, 경비실 등의 건축연면적 합계로 함.

*춘추절기 : 3～5월, 9～11월, 하절기 : 6～8월, 동절기 : 12～익년 2월

*수요관리 시간대 : 07 : 00～10 : 00

*냉수의 부하시간대 구분

• 첨두부하시간 : 7월 1일부터 8월 31일까지의 오후 2시 정각부터 오후 4시 정각까지

• 중간부하시간 : 7월 1일부터 8월 31일까지의 오후 2시 정각부터 오후 4시 정각 이외의 시간

• 경부하시간 : 7월 1일부터 8월 31일까지를 제외한 1월 1일부터 12월 31일까지의 시간

*기본요금 : 감가상각비, 수선유지비 등 고정적으로 발생하는 경비를 사용량에 관계없이 (계약면적 또는 계약 용량에 따라) 매월정액을 부과하는 것

*사용요금 : 각 세대별 사용 난방 및 온수 사용량을 난방(온수) 계량기를 검침하여 부과하는 금액

*공동난방비 : 관리사무소, 노인정, 경비실 등 공동열사용량을 세대별 실사용량 비례 배분 등으로 각 세대에 배분(아파트 자체 결정사항) 합니다.

21 다음 중 위의 열 요금표를 올바르게 이해하지 못한 것은?

① 주택별 난방 사용요금은 계절마다 적용 단위요금이 다르다.

② 업무 난방 기본요금은 계약용량을 기준으로 책정된다.

③ 냉수의 냉방용 기본요금은 1,000Mcal/h 마다 책정 요금이 다르다.

④ 관리사무소, 노인정, 경비실 등의 열사용량은 세대별로 배분하여 청구한다.

⑤ 냉수의 부하시간대는 춘추절기, 동절기, 하절기로 구분되어 차등 요금을 적용한다.

22 다음에 제시된 A씨와 B씨에게 적용되는 월별 열 요금의 합은 얼마인가? (단, 공동난방비는 고려하지 않는다)

〈계약면적 100m2인 A씨〉

－12월 주택용 난방 계량기 사용량 500Mcal

〈계약용량 900Mcal/h인 B씨〉

－7월 : 냉수를 이용한 냉방 계량기 사용량 오후 3시 ~ 4시 200Mcal, 오후 7 ~ 8시 200Mcal

---

① 90,091원

② 90,000원

③ 89,850원

④ 89,342원

⑤ 89,107원

23 다음 글과 표를 근거로 판단할 때 세 사람 사이의 관계가 모호한 경우는?

- 조직 내에서 두 사람 사이의 관계는 '동갑'과 '위아래' 두 가지 경우로 나뉜다.
- 두 사람이 태어난 연도가 같은 경우 입사년도에 상관없이 '동갑' 관계가 된다.
- 두 사람이 태어난 연도가 다른 경우 '위아래' 관계가 된다. 이때 생년이 더 빠른 사람이 '윗사람', 더 늦은 사람이 '아랫사람'이 된다.
- 두 사람이 태어난 연도가 다르더라도 입사년도가 같고 생년월일의 차이가 1년 미만이라면 '동갑' 관계가 된다.
- 두 사람 사이의 관계를 바탕으로 임의의 세 사람(A~C) 사이의 관계는 '명확'과 '모호' 두 가지 경우로 나뉜다.
- A와 B, A와 C가 '동갑' 관계이고 B와 C 또한 '동갑' 관계인 경우 세 사람 사이의 관계는 '명확'하다.
- A와 B가 '동갑' 관계이고 A가 C의 '윗사람', B가 C의 '윗사람'인 경우 세 사람 사이의 관계는 '명확'하다.
- A와 B, A와 C가 '동갑' 관계이고 B와 C가 '위아래' 관계인 경우 세 사람 사이의 관계는 '모호'하다.

이름	생년월일	입사년도
甲	1992. 4. 11.	2017
乙	1991. 10. 3.	2017
丙	1991. 3. 1.	2017
丁	1992. 2. 14.	2017
戊	1993. 1 7.	2018

① 甲, 乙, 丙
② 甲, 乙, 丁
③ 甲, 丁, 戊
④ 乙, 丁, 戊
⑤ 丙, 丁, 戊

|24~25| 다음 5개의 팀에 인터넷을 연결하기 위해 작업을 하려고 한다. 5개의 팀 사이에 인터넷을 연결하기 위한 시간이 다음과 같을 때 제시된 표를 바탕으로 물음에 답하시오(단, 가팀과 나팀이 연결되고 나팀과 다팀이 연결되면 가팀과 다팀이 연결된 것으로 간주한다).

구분	가	나	다	라	마
가	-	3	6	1	2
나	3	-	1	2	1
다	6	1	-	3	2
라	1	2	3	-	1
마	2	1	2	1	-

24 가팀과 다팀을 인터넷 연결하기 위해 필요한 최소의 시간은?

① 7시간   ② 6시간

③ 5시간   ④ 4시간

⑤ 3시간

25 다팀과 마팀을 인터넷 연결하기 위해 필요한 최소의 시간은?

① 1시간   ② 2시간

③ 3시간   ④ 4시간

⑤ 5시간

26 다음을 읽고 공장이 (나)의 전략을 선택하기 위한 조건을 〈보기〉에서 모두 고른 것은?

　　공장이 자사 상품의 재고량을 어느 수준으로 유지해야 하는가는 각 공장이 처한 상황에 따라 달라질 수 있다. 우선 그림 (가)에서는 공장이 생산량 수준을 일정하게 유지하면서 재고를 보유하는 경우를 나타낸다. 수요량에 맞추어 생산량을 변동하려면 노동자와 기계가 쉬거나 초과 근무를 하는 경우가 발생할 수 있으며, 이 경우 생산 비용이 상승할 수 있다. 따라서 공장은 생산량을 일정하게 유지하는 것을 선호하며, 이때 생산량과 수요량의 차이가 재고량을 결정한다. 즉 판매가 저조할 때에는 재고량이 늘고 판매가 활발할 때에는 재고량이 줄게 되는 것이다.

　　그런데 공장에 따라 그림 (나)와 같은 경우도 발견된다. 이러한 공장 등의 생산량과 수요량의 관계를 분석해 보면, 수요량이 증가할 때 생산량이 증가하고 수요량이 감소할 때 생산량도 감소하는 경향을 보이며, 생산량의 변동이 수요량의 변동에 비해 오히려 더 크다.

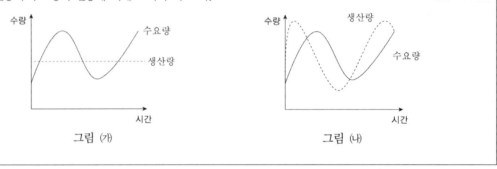

그림 (가)　　　　　　　　　　　　　　그림 (나)

〈보기〉

㉠ (가)의 전략을 택하는 공장에 비해서 공장의 제품 생산 비용이 생산량에 의해 크게 영향을 받지 않는다.
㉡ (가)의 전략을 택하는 공장에 비해서 수요가 상승하는 추세에서 생산량 및 재고량이 수요량을 충족시키지 못하는 경우 시장 점유 측면에서 상대적으로 불리하다.
㉢ 가격과 품질 등 다른 조건이 동일한 상품에 대하여, 수요가 줄어드는 추세에서 발생한 재고에 따르는 추가적인 재고 관리 비용이 (가)의 전략을 선택하는 공장에 비해 더 크다.

① ㉠
② ㉠㉢
③ ㉡㉢
④ ㉠㉡
⑤ ㉠㉡㉢

27 지현이는 부산에서 서울로 이사를 왔는데, 주말이 되어 친구들을 만나기 위해 지하철을 타고 가기로 했다. 아래의 지하철 노선도를 참조하여 다음 중 지현이가 목적지까지 가는 동안 전철을 갈아타는 횟수를 구하면? (단, 출발역 : 대화역, 목적지 : 옥수역)

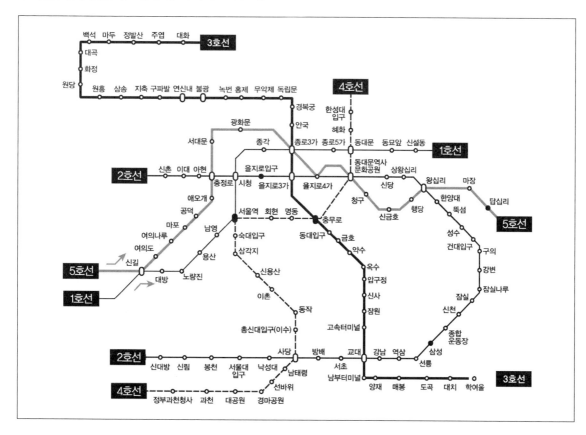

① 4

② 3

③ 2

④ 1

⑤ 0

28 A기업 기획팀에서는 새로운 프로젝트를 추진하면서 업무추진력이 높은 직원은 프로젝트의 팀장으로 발탁하려고 한다. 성취행동 경향성이 높은 사람을 업무추진력이 높은 사람으로 규정할 때, 아래의 정의를 활용해서 〈보기〉의 직원들을 업무추진력이 높은 사람부터 순서대로 바르게 나열한 것은?

> 성취행동 경향성(TACH)의 강도는 성공추구 경향성(Ts)에서 실패회피 경향성(Tf)을 **뺀** 점수로 계산할 수 있다(TACH = Ts − Tf). 성공추구 경향성에는 성취동기(Ms)라는 잠재적 에너지의 수준이 영향을 준다. 왜냐하면 성취동기는 성과가 우수하다고 평가받고 싶어 하는 것으로 어떤 사람의 포부수준, 노력 및 끈기를 결정하기 때문이다. 어떤 업무에 대해서 사람들이 제각기 다양한 방식으로 행동하는 것은 성취동기가 다른 데도 원인이 있지만, 개인이 처한 환경요인이 서로 다르기 때문이기도 하다. 이 환경요인은 성공기대확률(Ps)과 성공결과의 가치(Ins)로 이루어진다. 즉 성공추구 경향성은 이 세 요소의 곱으로 결정된다(Ts = Ms × Ps × Ins).
>
> 한편 실패회피 경향성은 실패회피동기, 실패기대확률 그리고 실패결과의 가치의 곱으로 결정된다. 이때 성공기대확률과 실패기대확률의 합은 1이며, 성공결과의 가치와 실패결과의 가치의 합도 1이다.

─────── 〈보기〉 ───────

- A는 성취동기가 3이고, 실패회피동기가 1이다. 그는 국제환경협약에 대비한 공장건설환경규제안을 만들었는데, 이 규제안의 실현가능성을 0.7로 보며, 규제안이 실행될 때의 가치를 0.2로 보았다.
- B는 성취동기가 2이고, 실패회피동기가 1이다. 그는 도시고속화도로 건설안을 기획하였는데, 이 기획안의 실패가능성을 0.7로 보며, 도로건설사업이 실패하면 0.3의 가치를 갖는다고 보았다.
- C는 성취동기가 3이고, 실패회피동기가 2이다. 그는 △△지역의 도심재개발계획을 주도하였는데, 이 계획의 실현가능성을 0.4로 보며, 재개발사업이 실패하는 경우의 가치를 0.3으로 보았다.

① A, B, C

② B, A, C

③ B, C, A

④ C, A, B

⑤ C, B, A

29 다음 중 팀워크를 촉진하는 방법으로 옳지 않은 것은?

① 개개인의 능력을 우선시하기

② 갈등 해결하기

③ 참여적으로 의사결정하기

④ 창의력 조성을 위해 협력하기

⑤ 동료 피드백 장려하기

30 다음 중 변혁적 리더십의 유형으로 옳은 설명은?

① 개개인과 팀이 유지해 온 업무수행 상태를 뛰어넘어 전체 조직이나 팀원들에게 변화를 가져오는 원동력이 된다.

② 정책의사결정과 대부분의 핵심정보를 그들 스스로에게만 국한하여 소유하고 고수하려는 경향이 있다.

③ 그룹에 정보를 잘 전달하려고 노력하고 전체 그룹의 구성원 모두를 목표방향으로 설정에 참여하게 함으로써 구성원들에게 확신을 심어주려고 노력한다.

④ 리더와 집단 구성원 사이의 구분이 희미하고 리더가 조직에서 한 구성원이 되기도 한다.

⑤ 소규모 조직에서 경험, 재능을 소유한 조직원이 있을 때 효과적으로 활용할 수 있다.

31 다음 대화를 보고 이 과장의 말이 협상의 5단계 중 어느 단계에 해당하는지 고르면?

> 김 실장 : 이 과장, 출장 다녀오느라 고생했네.
> 이 과장 : 아닙니다. KTX 덕분에 금방 다녀왔습니다.
> 김 실장 : 그래, 다행이군. 오늘 협상은 잘 진행되었나?
> 이 과장 : 그게 말입니다. 실장님. 오늘 협상을 진행하다가 새로운 사실을 알게 되었습니다. 민원인측이
> 지금껏 주장했던 고가차도 건립계획 철회는 표면적 요구사항이었던 것 같습니다. 오늘 장시간
> 상대방 측 대표들과 이야기를 나누면서 고가차고 건립자체보다 그로 인한 초등학교 예정부지
> 의 이전, 공사 및 도로 소음 발생, 그리고 녹지 감소가 실질적 불만이라는 걸 알게 되었습니
> 다. 고가차도 건립을 계획대로 추진하면서 초등학교의 건립 예성지를 현행 유지하고, 3중 방
> 음시설 설치, 아파트 주변 녹지 조성 계획을 제시하면 충분히 협상을 진척시킬 수 있을 것
> 같습니다.

① 협상시작단계   ② 상호이해단계
③ 실질이해단계   ④ 해결대안단계
⑤ 합의문서단계

32 귀하는 여러 명의 팀원을 관리하고 있는 팀장이다. 입사한 지 3개월 된 신입사원인 최 사원의 업무 내용을 확인하던 중 최 사원이 업무를 효율적으로 진행하지 않아 최 사원의 업무 수행이 팀 전체의 성과로 이어지지 못하고 있다는 사실을 알게 되었다. 이때 귀하가 최 사원에게 해 줄 조언으로 적절하지 않은 것은?

① 업무를 진행하는 과정에서 어려움이 있다면 팀 내에서 역할 모델을 설정한 후에 업무를 진행해 보는 건 어떨까요.
② 업무 내용을 보니 묶어서 처리해도 되는 업무를 모두 구분해서 다른 날 진행했던 데 묶어서 진행할 수 있는 건 같이 처리하도록 하세요.
③ 팀에서 업무를 진행할 때 따르고 있는 업무 지침을 꼼꼼히 확인하고 그에 따라서 처리하다보면 업무를 효율적으로 진행할 수 있을 거예요.
④ 업무 성과가 효과적으로 높아지지 않는 것 같은 땐 최대한 다른 팀원과 같은 방식으로 일하려고 노력하는 게 좋을 것 같아요.
⑤ 일별로 정해진 일정이 조금씩 밀려서 일을 몰아서 처리하는 경향이 있는 것 같아요. 정해진 일정은 최대한 미루지 말고 계획대로 처리하는 습관을 기르는 게 좋겠어요.

33 다음 중 '팀원들의 강점을 잘 활용하여 팀 목표를 달성하는 효과적인 팀'의 핵심적인 특징으로 적절하지 않은 것을 모두 고르면?

가. 팀의 사명과 목표를 명확하게 기술한다.
나. 창조적으로 운영된다.
다. 결과보다 과정과 방법에 초점을 맞춘다.
라. 역할과 책임을 명료화시킨다.
마. 개인의 강점을 활용하기보다 짜인 시스템을 활용한다.
바. 팀원 간에 멤버십 역할을 공유한다.
사. 의견의 불일치를 건설적으로 해결한다.
아. 의사소통에 있어 보안유지를 철저히 준수한다.
자. 객관적인 결정을 내린다.

① 다, 마, 바, 아
② 마, 자
③ 다, 사, 아, 자
④ 마, 바, 아, 자
⑤ 다, 바, 자

34 다음 두 조직의 특성을 참고할 때, '갈등관리' 차원에서 본 두 조직에 대한 설명으로 적절하지 않은 것은?

감사실은 늘 조용하고 직원들 간의 업무적 대화도 많지 않아 전화도 큰소리로 받기 어려운 분위기다. 다들 무언가를 열심히 하고는 있지만 직원들끼리의 교류나 상호작용은 찾아보기 힘들고 왠지 활기찬 느낌은 없다. 그렇지만 직원들끼리 반목과 불화가 있는 것은 아니며, 부서장과 부서원들 간의 관계도 나쁘지 않아 큰 문제없이 맡은 바 임무를 수행해 나가기는 하지만 실적이 좋지는 않다.

반면, 빅데이터 운영실은 하루 종일 떠들썩하다. 한쪽에선 시끄러운 전화소리와 고객과의 마찰로 빚어진 언성이 오가며 여기저기 조직원들끼리의 대화가 끝없이 이어진다. 일부 직원은 부서장에게 꾸지람을 듣기도 하고 한쪽에선 직원들 간의 의견 충돌을 해결하느라 열띤 토론도 이어진다. 어딘가 어수선하고 집중력을 요하는 일은 수행하기 힘든 분위기처럼 느껴지지만 의외로 업무 성과는 우수한 조직이다.

① 감사실은 조직 내 갈등이나 의견 불일치 등의 문제가 거의 없어 이상적인 조직으로 평가될 수 있다.
② 빅데이터 운영실에서는 갈등이 새로운 해결책을 만들어 주는 기회를 제공한다.
③ 감사실은 갈등수준이 낮아 의욕이 상실되기 쉽고 조직성과가 낮아질 수 있다.
④ 빅데이터 운영실은 생동감이 넘치고 문제해결 능력이 발휘될 수 있다.
⑤ 두 조직의 차이점에서 '갈등의 순기능'을 엿볼 수 있다.

35 민원실에 근무하는 서 대리는 모든 직원들이 꺼리는 불만 가득한 민원인이 찾아오면 항상 먼저 달려와 민원인과의 상담을 자청한다. 이를 본 민원실장은 직원들에게 서 대리의 적극성에 대해 설명한다. 다음 중 민원실장이 들려준 말이라고 볼 수 없는 것은?

① "불평하는 고객은 결국 회사를 이롭게 하는 역할을 하는 겁니다."
② "고객의 거친 말은 꼭 불만의 내용이 공격적이기 때문은 아닌 겁니다."
③ "서 대리는 회사의 가치가 왜곡되거나 불필요하게 침해당하는 것을 막고자 하는 겁니다."
④ "불평고객 대부분은 단지 회사의 잘못을 인정하고 사과하는 모습을 원하는 경우가 많습니다."
⑤ "서 대리는 회사보다 민원인의 입장에서 이야기를 들어보고자 하는 직원입니다."

36 다음 글은 A라는 변호사가 B라는 의뢰자에게 하는 커뮤니케이션의 스킬을 나타낸 것이다. 대화를 읽고 A 변호사의 커뮤니케이션 스킬에 대한 내용으로 가장 거리가 먼 것을 고르면?

> A : "좀 꺼내기 어려운 얘기지만 방금 말씀하신 변호사 보수에 대해 저희 사무실 입장을 솔직히 말씀드리려도 실례가 되지 않을까요?"
>
> B : 네, 그러세요.
>
> A : "아마 알아보시면 아시겠지만 통상 중형법률사무소 변호사들의 시간당 단가가 20만 원 내지 40만 원 정도 사이입니다. 이 사건에 투입될 변호사는 3명이고 그 3명의 시간당 단가는 20만 원, 25만 원, 30만 원이며 변호사별로 약 ○○시간 동안 이 일을 하게 될 것 같습니다. 그렇다면 전체적으로 저희 사무실에서 투여되는 비용은 800만 원 정도인데, 지금 의뢰인께서 말씀하시는 300만 원의 비용만을 받게 된다면 저희들은 약 500만 원 정도의 손해를 볼 수밖에 없습니다."
>
> B : 그렇군요.
>
> A : "그 정도로 손실을 보게 되면 저는 대표변호사님이나 선배 변호사님들께 다른 사건을 두고 왜 이 사건을 진행해서 전체적인 사무실 수익성을 악화시켰냐는 질책을 받을 수 있습니다. 어차피 법률사무소도 수익을 내지 않으면 힘들다는 것은 이해하실 수 있으시겠죠?"
>
> B : 네, 이해가 됩니다.
>
> A : "어느 정도 비용을 보장해 주셔야 저희 변호사들이 힘을 내서 일을 할 수 있고, 사무실 차원에서도 제가 전폭적인 지원을 이끌어낼 수 있습니다. 이는 귀사를 위해서도 바람직할 것이라 여겨집니다."
>
> B : 네
>
> A : "너무 제 입장만 말씀 드린 거 같습니다. 제 의견에 대해 어떻게 생각하시는지요?"
>
> B : 듣고 보니 맞는 말씀이네요.

① 상대에게 솔직하다는 느낌을 전달하게 된다.
② 상대가 나의 입장과 감정을 전달해서 상호 이해를 돕는다.
③ 상대는 나의 느낌을 수용하며, 자발적으로 스스로의 문제를 해결하고자 하는 의도를 가진다.
④ 상대에게 개방적이라는 느낌을 전달하게 된다.
⑤ 상대는 변명하려 하거나 반감, 저항, 공격성을 보인다.

37 아래의 내용을 읽고 밑줄 친 부분과 관련된 고객의 개념을 가장 잘 나타내고 있는 것을 고르면?

> 몇 년 전 항공업계를 흔들었던 '땅콩회항'의 피해자인 대한항공 소속 박○○ 사무장과 김○○ 승무원이 업무에 복귀한다. 6일 대한항공에 따르면 김○○ 승무원은 오는 7일인 요양기간 만료시점이 다가오자 회사 측에 복귀의사를 밝혔다. 박○○ 사무장은 앞서 지난달 18일 무급 병 휴직 기간이 끝나자 복귀 의사를 밝힌 것으로 알려졌다. 이들 두 사람은 다른 휴직복귀자들과 함께 서비스안전교육을 이수한 후 현장에 투입될 예정이다.
>
> 지난 2014년 12월 5일 벌어진 '땅콩회항' 사건은 조○○ 전 대한항공 부사장이 김 승무원이 마카다미아를 포장 째 가져다줬다는 것을 이유로 여객기를 탑승 게이트로 되돌리고 박 사무장을 문책하면서 불거졌다. 이후 박○○ 사무장과 김○○ 승무원 모두 해당 사건으로 인한 정신적 피해를 호소하면서 회사 측에 휴직을 신청했다.
>
> 두 사람은 휴직 이외에도 뉴욕법원에 조 전 부사장을 상대로 손해배상소송을 제기했다. 그러나 재판부는 사건 당사자와 증인, 증거가 모두 한국에 있다는 이유로 각하됐다. 이에 대해 박 사무장만 항소의향서를 제출해 놓은 상태다. 대한항공 측은 "구체적인 복귀일정은 아직 미정"이라며 "두 승무원이 현장에 복귀해도 이전과 동일하게, 다른 동료 승무원들과도 동등한 대우를 받으며 근무하게 될 것"이라고 말했다.

① 위의 두 사람은 회사 측에서 보면 절대 고객이 될 수 없다.
② 자사에 관심을 보이고 있으며 추후에 신규고객이 될 가능성을 지니고 있는 사람들이다.
③ 두 사람은 자사의 이익 창출을 위한 매개체가 되는 직장상사 또는 부하직원 및 동료라 할 수 있다.
④ 자사의 제품 및 서비스 등을 지속적으로 구매하고 기업과의 강력한 유대관계를 형성하는 사람들이라 볼 수 있다.
⑤ 회사 밖에 위치하는 외부고객으로 매출에 영향을 미치지 않는다.

38 다음 글에 나타난 집단에 관한 설명으로 옳지 않은 것은?

> • ○○ 집단은 정서적인 뜻에서의 친밀한 인간관계를 겨누어 사람들의 역할관계가 개인의 특성에 따라 자연적이고 비형식적으로 분화되어 있는 집단을 말한다.
> • ○○ 집단은 호손 실험에 의하여 '제1차 집단의 재발견'으로 평가되었으며, 그 특질은 자연발생적이며 심리집단적이고 결합 자체를 목적으로 하여 감정의 논리에 따라 유동적 · 비제도적으로 행동하는 데 있다.
> • 관료적인 거대조직에 있어서 인간회복의 수단으로 ○○ 집단을 유효하게 이용하여 관료제의 폐단을 완화하려는 발상이 생겨났는데, 이를 인간관계적 어프로치라고 한다.

① 조직에서 오는 소외감을 감소시켜 준다.
② 조직에서 의식적으로 만든 집단으로 집단의 목표, 임무가 명확하게 규정되어 있다.
③ 조직구성원들의 요구에 따라 자발적으로 형성된 집단이다.
④ 조직구성원들의 사기(morale)와 생산력을 높여 준다.
⑤ 조직구성원들의 상호의사소통이 활발하다.

39 경영전략의 추진 과정으로 옳은 것은?

① 전략목표 설정 → 경영전략 도출 → 환경 분석 → 경영전략 실행 → 평가 및 피드백
② 전략목표 설정 → 환경 분석 → 경영전략 도출 → 경영전략 실행 → 평가 및 피드백
③ 전략목표 설정 → 환경 분석 → 경영전략 실행 → 경영전략 도출 → 평가 및 피드백
④ 전략목표 설정 → 경영전략 실행 → 환경 분석 → 경영전략 도출 → 평가 및 피드백
⑤ 전략목표 설정 → 경영전략 실행 → 경영전략 도출 → 환경 분석 → 평가 및 피드백

40 다음은 기업용 소프트웨어를 개발·판매하는 A기업의 조직도와 사내 업무협조전이다. 주어진 업무협조전의 발신부서와 수신부서로 가장 적절한 것은?

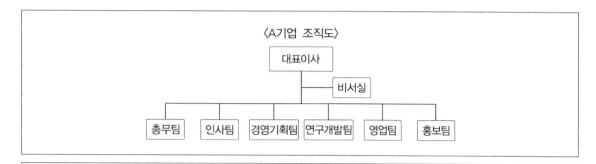

〈A기업 조직도〉

대표이사 — 비서실

총무팀 / 인사팀 / 경영기획팀 / 연구개발팀 / 영업팀 / 홍보팀

업무협조전

제목 : 콘텐츠 개발에 따른 적극적 영업 마케팅 협조

내용 : 2021년 경영기획팀의 요청으로 저희 팀에서 제작하기 시작한 업무매니저 "한방에" 소프트웨어가 모두 제작 완료되었습니다. 하여 해당 소프트웨어 5종에 관한 적극적인 마케팅을 부탁드립니다.
"한방에"는 거래처관리 소프트웨어, 직원/급여관리 소프트웨어, 매입/매출관리 소프트웨어, 증명서 발급관리 소프트웨어, 거래/견적/세금관리 소프트웨어로 각 분야별 영업을 진행하시면 될 것 같습니다.
특히나 직원/급여관리 소프트웨어는 회사 직원과 급여를 통합적으로 관리할 수 있는 프로그램으로 중소기업에서도 보편적으로 이용할 수 있도록 설계되어 있기 때문에 적극적인 영업 마케팅이 더해졌을 때 큰 이익을 낼 수 있을 거라 예상됩니다.
해당 5개의 프로그램의 이용 매뉴얼과 설명서를 첨부해드리오니 담당자분들께서는 이를 숙지하시고 영업에 효율성을 가지시기 바랍니다.

첨부 : 업무매니저 "한방에" 매뉴얼 및 설명서

	발신	수신
①	경영기획팀	홍보팀
②	연구개발팀	영업팀
③	총무팀	인사팀
④	영업팀	연구개발팀
⑤	인사팀	경영기획팀

❙41-42❙ 수당과 관련한 다음 글을 보고 이어지는 물음에 답하시오.

〈수당 지급〉

◆ 자녀학비보조수당
○ 지급 대상 : 초등학교 · 중학교 또는 고등학교에 취학하는 자녀가 있는 직원(부부가 함께 근무하는 경우 한 쪽에만 지급)
○ 지급범위 및 지급액
   (범위) 수업료와 학교운영지원비(입학금은 제외)
   (지급액) 상한액 범위 내에서 공납금 납입영수증 또는 공납금 납입고지서에 기재된 학비 전액 지급하며 상한액은 자녀 1명당 월 60만 원.

◆ 육아휴직수당
○ 지급 대상 : 만 8세 이하의 자녀를 양육하기 위하여 필요하거나 여직원이 임신 또는 출산하게 된 때로 30일 이상 휴직한 남 · 녀 직원
○ 지급액 : 휴직 개시일 현재 호봉 기준 월 봉급액의 40퍼센트
   (휴직 중) 총 지급액에서 15퍼센트에 해당하는 금액을 뺀 나머지 금액
   ※ 월 봉급액의 40퍼센트에 해당하는 금액이 100만 원을 초과하는 경우에는 100만 원을, 50만 원미만일 경우에는 50만 원을 지급
   (복직 후) 총 지급액의 15퍼센트에 해당하는 금액
   ※ 복직하여 6개월 이상 계속하여 근무한 경우 7개월 째 보수지급일에 지급함. 다만, 복직 후 6개월 경과 이전에 퇴직하는 경우에는 지급하지 않음
○ 지급기간 : 휴직일로부터 최초 1년 이내

◆ 위험근무수당
○ 지급 대상 : 위험한 직무에 상시 종사하는 직원
○ 지급 기준
   1) 직무의 위험성은 각 부문과 등급별에서 정한 내용에 따름.
   2) 상시 종사란 공무원이 위험한 직무를 일정기간 또는 계속 수행하는 것을 의미. 따라서 일시적 · 간헐적으로 위험한 직무에 종사하는 경우는 지급대상에 포함될 수 없음.
   3) 직접 종사란 해당 부서 내에서도 업무 분장 상에 있는 위험한 작업 환경과 장소에 직접 노출되어 위험한 업무를 직접 수행하는 것을 의미.
○ 지급방법 : 실제 위험한 직무에 종사한 기간에 대하여 일할 계산하여 지급함.

41 다음 중 위의 수당 관련 설명을 잘못 이해한 내용은?

① 위험한 직무에 3일간 근무한 것은 위험근무수당 지급 대상이 되지 않는다.

② 자녀학비보조수당은 수업료와 입학금 등 정상적인 학업에 관한 일체의 비용이 포함된다.

③ 육아휴직수당은 휴직일로부터 최초 1년이 경과하면 지급받을 수 없다.

④ 부부가 함께 근무해도 자녀학비보조수당은 부부 중 한 쪽에게만 지급된다.

⑤ 초등학교 고학년에 재학 중인 자녀가 있는 부모에게는 육아휴직수당이 지급되지 않는다.

42 월 급여액 200만 원인 C대리가 육아휴직을 받게 되었다. 이에 대한 다음의 설명 중 올바른 것은?

① 3월 1일부로 복직을 하였다면, 8월에 육아휴직수당 잔여분을 지급받게 된다.

② 육아휴직수당의 총 지급액은 100만 원이다.

③ 복직 후 3개월째에 퇴직을 할 경우, 휴가 중 지급받은 육아휴직수당을 회사에 반환해야 한다.

④ 복직 후에 육아휴직수당 총 지급액 중 12만 원을 지급받을 수 있다.

⑤ 육아휴직일수가 한 달이 되지 않는 경우는 일할 계산하여 지급한다.

43 H사의 생산 제품은 다음과 같은 특징을 가지고 있다. 이 경우 H사가 취할 수 있는 경영전략으로 가장 적절한 것은?

- 제품 생산 노하우가 공개되어 있다.
- 특별한 기술력이 요구되지 않는다.
- 대중들에게 널리 보급되어 있다.
- 지속적으로 사용해야 하는 소모품이다.
- 생산 방식과 공정이 심플하다.
- 특정 계층의 구분없이 동일한 제품이 쓰인다.
- 다수의 소규모 업체들이 경쟁하며 브랜드의 중요성이 거의 없다.

① 집중화 전략
② 원가우위 전략
③ 모방 전략
④ 차별화 전략
⑤ SNS 전략

44 한국금융그룹사(계열사 : 한국은행, 한국카드, 한국증권사)의 본사 총무 부서에 근무 중인 A는 2022년에 10년째를 맞이하는 '우수 직원 해외연수단'을 편성하기 위해 각 계열사에 공문을 보내고자 한다. 한국은행의 경우 3년차 직원, 한국카드는 5년차 직원, 한국증권사는 7년차 직원 중 희망자를 대상으로 인사부의 Y 부장은 P 과장에게 결재권한을 위임하였다. 기안문을 작성할 때, ㈎~㈒에 들어갈 내용으로 적절한 것을 고르시오.

(㈎)

수신자 : 한국은행, 한국카드, 한국증권사

(경유)

제목 : ㈏

---

1. 서무 1056-2431(2022. 02. 03.)과 관련입니다.
2. 2022년도 우수 직원을 대상으로 해외연수단을 편성하고자 하오니, 회사에 재직 중인 직원 중 기본적 영어회화가 가능하며 글로벌 감각이 뛰어난 사원을 다음 사항을 참고로 선별하여 2022. 03. 03.까지 통보해 주시기 바랍니다.

– 다음 –

가. 참가범위
   1) 한국은행 : 3년차 직원 중 희망자
   2) 한국카드 : ㈐
   3) 한국증권사 : ㈑
나. 아울러 지난해에 참가했던 책임자와 직원은 제외시켜 주시기 바라며, 지난해 참가 직원 명단을 첨부하니 참고하시기 바랍니다.
첨부 : 2021년도 참가 직원 명단 1부. 끝.

한 국 금 융 그 룹 사 장

사원 A   계장 B   과장 ㈒ P
협조자
시행 총무부-27(1.19)
접수 우13456 주소 서울 강남구 오공로75 5F / www.hkland.co.kr
전화 (02-256-3456) 팩스(02-257-3456) / webmaster@hkland.com / 완전공개

---

① ㈎ 한국은행그룹사
② ㈏ 2021년도 우수 직원 해외연수단 편성
③ ㈐ 4년차 직원 중 희망자
④ ㈑ 7년차 직원 중 희망자
⑤ ㈒ 대결

45 근면에는 두 가지의 종류가 있다. 하나는 외부로부터 강요당한 근면이고, 다른 하나는 스스로 자진해서 하는 근면이 있다. 다음 중 외부로부터 강요당한 근면에 해당하는 것끼리 짝지어진 것은?

> ㉠ 가난했을 때 논밭이나 작업장에서 열악한 노동 조건 하에서 기계적으로 삶을 유지하기 위해 하는 일
> ㉡ 상사의 명령에 의해 잔업하는 일
> ㉢ 회사 내 진급시험을 위해 외국어를 열심히 공부하는 일
> ㉣ 세일즈맨이 자신의 성과를 높이기 위해서 노력하는 일

① ㉠, ㉡
② ㉠, ㉢
③ ㉠, ㉣
④ ㉡, ㉢
⑤ ㉢, ㉣

46 다음 정직에 대한 설명 중 옳지 않은 것은?

① 사람은 혼자서는 살아갈 수 없으므로, 다른 사람과의 신뢰가 필요하다.
② 정직한 것은 성공을 이루게 되는 기본 조건이다.
③ 신뢰를 형성하기 위해 필요한 규범이 바로 정직이다.
④ 정직은 신뢰를 형성하는 필수적인 조건이지만, 충분한 조건은 아니다.
⑤ 다른 사람이 전하는 말이나 행동이 사실과 부합된다는 신뢰가 없어도 사회생활을 하는데 별로 지장이 없다.

47 한국인이 강조하는 직업윤리가 아닌 것은?

① 성실함
② 책임감
③ 창의성
④ 복종성
⑤ 청렴성

48 다음은 직업윤리의 5대 원칙 중 어느 것에 해당하는가?

> 업무의 공공성을 바탕으로 공사구분을 명확하게 하고, 모든 것을 숨김없이 투명하게 처리하는 원칙

① 전문성의 원칙   ② 고객중심의 원칙
③ 정직과 신용의 원칙   ④ 공정경쟁의 원칙
⑤ 객관성의 원칙

49 다음 중 전화 받는 매너로 가장 옳지 않은 것을 고르면?

① 전화벨이 울리면 즉시 받는다.
② 보안의 문제가 있으므로 회사명, 부서명, 자신의 이름을 밝히지 않는다.
③ 상대를 확인한 후에 인사를 한다.
④ 메모 준비 및 전화 온 용건을 듣는다.
⑤ 용건이 끝나면 통화한 내용을 요약하고 이를 복창해서 다시금 확인을 해야 한다.

50 다음 중 이메일 네티켓에 관한 설명으로 부적절한 것은?

① 대용량 파일의 경우에는 압축해서 첨부해야 한다.
② 메일을 발송할 시에는 발신자를 명확하게 표기해야 한다.
③ 메일을 받을 수신자의 주소가 정확한지 확인을 해야 한다.
④ 영어는 일괄적으로 대문자로 표기해야 한다.
⑤ 상대로부터 수신 받은 메일은 24시간 내에 신속하게 답변을 해야 한다.

1 다음은 토론과 토의를 비교한 표이다. 옳지 않은 것은?

	구분	토론	토의
①	정의	특징 주제에 대한 찬성과 반대의 주장을 논하는 과정	특정 문제를 해결하기 위한 다양한 해결방안을 모색하는 과정
②	목적	각자가 가지고 있는 다양한 의견을 개진하고 교환하며 검토함	각각 찬성과 반대 입장에서 자신의 주장을 받아들이도록 제3자인 청중을 설득함
③	특성	상호 대립적·공격적·경쟁적·논쟁적	상호 협동적·협조적·협력적
④	형식	일정한 형식과 규칙에 따라 발언함	비교적 자유롭게 발언함
⑤	효과	문제의 본질에 대한 이래를 높여줌	문제해결책을 도출함

2 다음 밑줄 친 단어와 바꿔 쓰기에 적절한 한자어가 아닌 것은?

過去는 지나가 버렸기 때문에 역사가가 과거의 사실과 직접 만나는 것은 불가능하다. 역사가는 사료를 매개로 과거와 만난다. 사료는 과거를 그대로 재현하는 것은 아니기 때문에 불완전하다. 사료의 불완전성은 역사 연구의 범위를 제한하지만, 그 불완전성 때문에 역사학이 학문이 될 수 있으며 역사는 끝없이 다시 서술된다. 매개를 거치지 않은 채 손실되지 않은 과거와 ㉠만날 수 있다면 역사학이 설 자리가 없을 것이다. 역사학은 전통적으로 문헌 사료를 주로 활용해 왔다. 그러나 유물, 그림, 구전 등 과거가 남긴 흔적은 모두 사료로 활용될 수 있다. 역사가들은 새로운 사료를 발굴하기 위해 노력한다. 알려지지 않았던 사료를 찾아내기도 하지만, 중요하지 않게 ㉡여겨졌던 자료를 새롭게 사료로 활용하거나 기존의 사료를 새로운 방향에서 파악하기도 한다. 평범한 사람들의 삶의 모습을 중점적인 주제로 다루었던 미시사 연구에서 재판 기록, 일기, 편지, 탄원서, 설화집 등의 이른바 '서사적' 자료에 주목한 것도 사료 발굴을 위한 노력의 결과이다.

　　시각 매체의 확장은 사료의 유형을 더욱 다양하게 했다. 이에 따라 역사학에서 영화를 통한 역사 서술에 대한 관심이 일고, 영화를 사료로 파악하는 경향도 ⓒ 나타났다. 역사가들이 주로 사용하는 문헌 사료의 언어는 대개 지시 대상과 물리적 · 논리적 연관이 없는 추상화된 상징적 기호이다. 반면 영화는 카메라 앞에 놓인 물리적 현실을 이미지화하기 때문에 그 자체로 물질성을 띤다. 즉, 영화의 이미지는 닮은꼴로 사물을 지시하는 도상적 기호가 된다. 광학적 메커니즘에 따라 피사체로부터 비롯된 영화의 이미지는 그 피사체가 있었음을 지시하는 지표적 기호이기도 하다. 예를 들어 다큐멘터리 영화는 피사체와 밀접한 연관성을 갖기 때문에 피사체의 진정성에 대한 믿음을 고양하여 언어적 서술에 비해 호소력 있는 서술로 비춰지게 된다.

　　그렇다면 영화는 역사와 어떻게 관계를 맺고 있을까? 역사에 대한 영화적 독해와 영화에 대한 역사적 독해는 영화와 역사의 관계에 대한 두 축을 ⓓ 이룬다. 역사에 대한 영화적 독해는 영화라는 매체로 자기 나름의 시선을 서사와 표현 기법으로 녹여내어 역사를 비평할 수 있다. 역사를 소재로 한 역사 영화는 역사적 고증에 충실한 개연적 역사 서술 방식을 취할 수 있다. 혹은 역사적 사실을 자원으로 삼되 상상력에 의존하여 가공의 인물과 사건을 덧대는 상상적 역사 서술 방식을 취할 수도 있다. 그러나 비단 역사 영화만이 역사를 재현하는 것은 아니다. 모든 영화는 명시적이거나 우회적인 방법으로 역사를 증언한다. 영화에 대한 역사적 독해는 영화에 담겨 있는 역사적 흔적과 맥락을 검토하는 것과 연관된다. 역사가는 영화 속에 나타난 풍속, 생활상 등을 통해 역사의 외연을 확장할 수 있다. 나아가 제작 당시 대중이 공유하던 욕망, 강박, 믿음, 좌절 등의 집단적 무의식과 더불어 이상, 지배적 이데올로기 같은 미처 파악하지 못했던 가려진 역사를 끌어내기도 한다. 영화는 주로 허구를 다루기 때문에 역사 서술과는 거리가 있다고 보는 사람도 있다. 왜냐하면 역사가들은 일차적으로 사실을 기록한 자료에 기반해서 연구를 ⓔ 펼치기 때문이다.

① 대면(對面)

② 간주(看做)

③ 대두(擡頭)

④ 결합(結合)

⑤ 전개(展開)

┃3-5 ┃ 다음 글을 읽고 물음에 답하시오.

주로 군사목적이나 외교통신 수단으로 사용된 ㉠암호는 최근 들어 사업용으로도 많이 이용되고 있다. 이러한 암호는 그 작성방식에 따라 문자암호(문자암호는 전자방식과 환자방식으로 다시 나뉜다.)와 어구암호로 나뉘고 사용 기구에 따라 기계암호와 서식암호, 스트립식 암호 등으로 나뉜다.

인류 역사상 가장 처음 사용된 암호는 스파르타 시대 때 사용된 스키탈레 암호로 이것은 일정한 너비의 종이테이프를 원통에 서로 겹치지 않도록 감아서 그 테이프 위에 세로쓰기로 통신문을 기입하는 방식이다. 그리하여 그 테이프를 그냥 풀어 보아서는 기록내용을 전혀 판독할 수 없으나 통신문을 기록할 때 사용했던 것과 같은 지름을 가진 원통에 감아보면 내용을 읽을 수 있게 고안된 일종의 전자방식의 암호이다.

또한 ㉡환자방식으로 사용된 암호는 로마 시대의 카이사르에 의해서 고안되었는데 이것은 전달받고자 하는 통신문의 글자를 그대로 사용하지 않고 그 글자보다 알파벳 순서로 몇 번째 뒤, 또는 앞의 글자로 바꾸어 기록하는 방식이다. 예를 들면 암호를 주고받는 사람끼리 어떤 글자를 그보다 네 번째 뒤의 글자로 환자한다는 약속이 되어 있다면, A는 E로 표시되고, B는 F로 표시하는 등이다. 이와 같은 암호는 로마 시대뿐만 아니라 영국의 알프레드 1세나 칼 대제 시대 때도 다양한 방식으로 사용되었다.

근대적인 암호는 14~15세기의 이탈리아에서 발달하여, 최초의 완전암호라고 할 수 있는 베네치아 암호가 고안되었으며 16세기의 프랑스에서는 근대적 암호의 시조(始祖)라고 불리는 비지넬이 나타나 이른바 비지넬 암호표가 고안되었다. 이 암호는 아주 교묘하게 만들어져서 해독 불능 암호라고까지 평가를 받았으며, 현재에도 환자암호의 기본형식의 하나로 쓰이고 있다.

3 다음 중 옳지 않은 것은?

① 암호는 통신문의 내용을 다른 사람이 읽을 수 없도록 하기 위해 글자나 숫자 또는 부호 등을 변경하여 작성한 것이다.

② 암호는 작성방식이나 사용 기구에 따라 다양한 종류로 분류된다.

③ 베네치아 암호는 최초의 완전암호라 할 수 있으며 아주 교묘하게 만들어져 해독 불능 암호로 평가받았다.

④ 암호는 보내는 사람과 받는 사람의 일종의 약속에 의해 이루어진다.

⑤ 16세기의 프랑스에서는 비지넬 암호표가 고안되었다.

4 위 글의 밑줄 친 ㉠과 바꿔 쓸 수 없는 단어는?

① 암구호 ② 사인
③ 패스워드 ④ 심상
⑤ 애너그램

5 다음 보기는 밑줄 친 ㉡의 방식으로 구성한 암호문이다. 전달하고자 하는 본래 의미는 무엇인가?

> • 약속 : 모든 암호문은 전달하고자 하는 본래 문자의 두 번째 뒤의 문자로 바꿔 기록한다.
>   예시) '러랄 저벗챠머' → '나는 사람이다.'
> • 암호문 : '컁차부 더두 쟉머'

① 집으로 가고 싶다.
② 음악을 듣고 있다.
③ 당신이 너무 좋다.
④ 과자를 많이 먹다.
⑤ 잠을 자고 싶다.

6 다음의 괄호에 알맞은 한자성어는?

> 일을 하다 보면 균형과 절제가 필요하다는 것을 알게 된다. 일의 수행 과정에서 부분적 잘못을 바로잡으려다 정작 일 자체를 뒤엎어 버리는 경우가 왕왕 발생하기 때문이다. 흔히 속담에 "빈대 잡으려다 초가삼간 태운다."라는 말은 여기에 해당할 것이다. 따라서 부분적 결점을 바로잡으려다 본질을 해치는 (   )의 어리석음을 저질러서는 안 된다.

① 개과불린(改過不吝) ② 경거망동(輕擧妄動)
③ 교각살우(矯角殺牛) ④ 부화뇌동(附和雷同)
⑤ 낭중지추(囊中之錐)

7 다음은 A공사에 근무하는 김 대리가 작성한 '보금자리주택 특별공급 사전예약 안내문'이다. 자료에 대한 내용으로 옳은 것은?

보금자리주택 특별공급 사전예약이 진행된다. 신청자격은 사전예약 입주자 모집 공고일 현재 미성년(만 20세 미만)인 자녀를 3명 이상 둔 서울, 인천, 경기도 등 수도권 지역에 거주하는 무주택 가구주에게 있다. 청약저축통장이 필요 없고, 당첨자는 배점기준표에 의한 점수 순에 따라 선정된다. 특히 자녀가 만 6세 미만 영유아일 경우, 2명 이상은 10점, 1명은 5점을 추가로 받게 된다.
총점은 가산점을 포함하여 90점 만점이며 배점기준은 다음 〈표〉와 같다.

배점요소	배점기준	점수
미성년 자녀수	4명 이상	40
	3명	35
가구주 연령, 무주택 기간	가구주 연령이 만 40세 이상이고, 무주택 기간 5년 이상	20
	가구주 연령이 만 40세 미만이고, 무주택 기간 5년 이상	15
	무주택 기간 5년 미만	10
당해 시·도 거주기간	10년 이상	20
	5년 이상~10년 미만	15
	1년 이상~5년 미만	10
	1년 미만	5

※ 다만 동점자인 경우 ① 미성년 자녀수가 많은 자, ② 미성년 자녀수가 같을 경우, 가구주의 연령이 많은 자 순으로 선정한다.

① 가장 높은 점수를 받을 수 있는 배점요소는 '가구주 연령, 무주택 기간'이다.
② 사전예약 입주자 모집 공고일 현재 22세, 19세, 16세, 5세의 자녀를 둔 서울 거주 무주택 가구주 甲은 신청자격이 있다.
③ 보금자리주택 특별공급 사전예약에는 청약저축통장이 필요하다.
④ 배점기준에 따른 총점이 동일하고 미성년 자녀수가 같다면, 미성년 자녀의 평균 연령이 더 많은 자 순으로 선정한다.
⑤ 사전예약 입주자 모집 공고일 현재 9세 자녀 1명과 5세 자녀 쌍둥이를 둔 乙은 추가로 5점을 받을 수 있다.

8   다음 A, B 두 사람의 논쟁에 대한 분석으로 가장 적절한 것은?

> A : 최근 인터넷으로 대표되는 정보통신기술 혁명은 과거 유례를 찾을 수 없을 정도로 세상이 돌아가는 방식을 근본적으로 바꿔놓았다. 정보통신기술 혁명은 물리적 거리의 파괴로 이어졌고, 그에 따라 국경 없는 세계가 출현하면서 국경을 넘나드는 자본, 노동, 상품에 대한 규제가 철폐될 수밖에 없는 사회가 되었다. 이제 개인이나 기업 혹은 국가는 과거보다 훨씬 더 유연한 자세를 견지해야 하고, 이를 위해서는 강력한 시장 자유화가 필요하다.
>
> B : 변화를 인식할 때 우리는 가장 최근의 것을 가장 혁신적인 것으로 생각하는 경향이 있다. 인터넷 혁명의 경제적, 사회적 영향은 최소한 지금까지는 세탁기를 비롯한 가전제품만큼 크지 않았다. 가전제품은 집안일에 들이는 노동시간을 대폭 줄여줌으로써 여성들의 경제활동을 촉진했고, 가족 내의 전통적인 역학관계를 바꾸었다. 옛 것을 과소평가해서도 안 되고 새것을 과대평가해서도 안 된다. 그렇게 할 경우 국가의 경제정책이나 기업의 정책은 물론이고 우리 자신의 직업과 관련해서도 여러 가지 잘못된 결정을 내리게 된다.
>
> A : 인터넷이 가져온 변화는 가전제품이 초래한 변화에 비하면 전 지구적인 규모이고 동시적이라는 점에 주목해야 한다. 정보통신기술이 초래한 국경 없는 세계의 모습을 보라. 국경을 넘어 자본, 노동, 상품이 넘나들게 됨으로써 각 국가의 행정 시스템은 물론 세계 경제 시스템에도 변화가 불가피하게 되었다. 그럼 점에서 정보통신기술의 영향력은 가전제품의 영향력과 비교될 수 없다.
>
> B : 최근의 기술 변화는 100년 전에 있었던 변화만큼 혁명적이라고 할 수 없다. 100년 전의 세계는 1960 ~ 1980년에 비해 통신과 운송 부문에서의 기술은 훨씬 뒤떨어졌으나 세계화는 오히려 월등히 진전된 상태였다. 사실 1960 ~ 1980년 사이에 강대국 정부가 자본, 노동, 상품이 국경을 넘어 들어오는 것을 엄격하게 규제했기에 세계화의 정보는 그리 높지 않았다. 이처럼 세계화의 정도를 결정하는 것은 정치이지 기술력이 아니다.

① 이 논쟁의 핵심 쟁점은 정보통신기술 혁명과 가전제품을 비롯한 제조분야 혁명의 영향력 비교이다.

② A는 최근의 정보통신 혁명으로 말미암아 자본, 노동, 상품이 국경을 넘나드는 것이 현실이 되었다는 점을 근거로 삼고 있다.

③ B는 A가 제시한 근거가 다 옳다고 하더라도 A의 주장을 받아들일 수 없다고 주장하고 있다.

④ B와 A는 인터넷의 영향력에 대한 평가에는 의견을 달리 하지만 가전제품의 영향력에 대한 평가에는 의견이 일치한다.

⑤ B는 A가 원인과 결과를 뒤바꾸어 해석함으로써 현상에 대한 잘못된 진단을 한다고 비판하고 있다.

9 다음 밑줄 친 단어의 의미와 동일하게 쓰인 것을 고르시오.

> 김동연 경제부총리 겸 기획재정부 장관은 26일 최근 노동이슈 관련 "다음 주부터 시행되는 노동시간 단축 관련 올해 말까지 계도기간을 설정해 단속보다는 제도 정착에 초점을 두고 추진할 것"이라고 밝혔다.
> 김동연 부총리는 이날 정부서울청사에서 노동현안 관련 경제현안간담회를 주재하고 "7월부터 노동시간 단축제도가 시행되는 모든 기업에 대해 시정조치 기간을 최장 6개월로 늘리고, 고소·고발 등 법적인 문제의 처리 과정에서도 사업주의 단축 노력이 충분히 참작될 수 있도록 하겠다."라며 이같이 말했다.
> 김 부총리는 "노동시간 단축 시행 실태를 면밀히 조사해 탄력 근로단위기간 확대 등 제도개선 방안도 조속히 마련하겠다."라며 "불가피한 경우 특별 연장근로를 인가받아 활용할 수 있도록 구체적인 방안을 강구할 것"이라고 밝혔다.

① 우리는 10년 만에 넓은 평수로 늘려 이사했다.
② 그 집은 알뜰한 며느리가 들어오더니 금세 재산을 늘려 부자가 되었다.
③ 적군은 세력을 늘린 후 다시 침범하였다.
④ 실력을 늘려서 다음에 다시 도전해 보아라.
⑤ 대학은 학생들의 건의를 받아들여 쉬는 시간을 늘리는 방안을 추진 중이다.

10 3개월의 인턴기간 동안 업무평가 점수가 가장 높았던 甲, 乙, 丙, 丁 네 명의 인턴에게 성과급을 지급했다. 제시된 조건에 따라 성과급은 甲 인턴부터 丁 인턴까지 차례로 지급되었다고 할 때, 네 인턴에게 지급된 성과급 총액은 얼마인가?

> • 甲 인턴은 성과급 총액의 1/3보다 20만 원 더 받았다.
> • 乙 인턴은 甲 인턴이 받고 남은 성과급의 1/2보다 10만 원을 더 받았다.
> • 丙 인턴은 乙 인턴이 받고 남은 성과급의 1/3보다 60만 원을 더 받았다.
> • 丁 인턴은 丙 인턴이 받고 남은 성과급의 1/2보다 70만 원을 더 받았다.

① 860만 원
② 900만 원
③ 940만 원
④ 960만 원
⑤ 1,020만 원

11 다음에 주어진 표는 우리나라의 자원의 수입 의존도와 공업의 입지 유형에 대한 것을 나타낸 것이다. 이를 통해 우리나라 공업에 대하여 추측한 것으로 옳은 것을 고르시오.

〈표1〉 우리나라의 자원의 수입 의존도

자원	비율(%)	자원	비율(%)
천연고무	100	원유	100
역청탄	100	원면	100
알루미늄	98	원강	100
철광석	90	양모	90
구리	90	원피	85

〈표2〉 공업의 입지 유형

원료 지향형	제조 과정에서 원료의 중량·부피가 감소하는 공업, 원료가 부패하기 쉬운 공업
시장 지향형	제조 과정에서 제품의 무게와 부피가 증가하는 공업, 제품이 변질·파손되기 쉬운 공업, 소비자와의 잦은 접촉이 필요한 공업
노동비 지향형	풍부하고 저렴한 노동력이 필요한 공업
동력 지향형	많은 양의 동력을 필요로 하는 공업

① 우리나라는 공업화로 인해 환경오염이 가속화 되고 있다.

② 〈표1〉에서 주어진 수입하는 자원들은 바닷가 지역을 중심으로 하여 가공업이 중심을 이루고 있다.

③ 원료 지향형의 공업이 발달하였다.

④ 공업의 성장속도가 점차 빨라지고 있다.

⑤ 자원 수입 의존도가 높은 산업은 지양하여야 한다.

12 다음 표는 두 나라의 출산휴가와 육아휴가 최대 기간과 임금대체율에 대한 내용이다. 정상 주급이 60만 원을 받는 두 나라 여성이 각각 1월 1일(월)부터 출산휴가와 육아휴가를 최대한 사용할 경우, 첫 52주의 기간에 대하여 두 여성이 받게 되는 총임금의 차이는? (단, 육아휴가는 출산휴가 후 연이어 사용하며, 육아휴가를 사용한 후에는 바로 업무에 복귀하여 정상 주급을 받는다. 또한 임금대체율은 $\dfrac{\text{휴가기간의 주급}}{\text{정상 주급}} \times 100$으로 구한다)

구분	출산휴가		육아휴가	
	최대 기간	임금대체율	최대 기간	임금대체율
A국	15주	100%	52주	80%
B국	15주	60%	35주	50%

① 800만 원 초과 900만 원 이하

② 900만 원 초과 1,000만 원 이하

③ 1,000만 원 초과 1,100만 원 이하

④ 1,100만 원 초과 1,200만 원 이하

⑤ 1,200만 원 초과 1,300만 원 이하

13 5% 설탕물 300g에서 일정량의 물을 증발시켰더니 10% 설탕물이 되었다. 증발된 물의 양은?

① 50g

② 100g

③ 150g

④ 200g

⑤ 250g

14 그림은 ∠B = 90°인 직각삼각형 ABC의 세 변을 각각 한 변으로 하는 정사각형을 그린 것이다. □ADEB의 넓이는 9이고 □BFGC의 넓이가 4일 때, □ACHI의 넓이는?

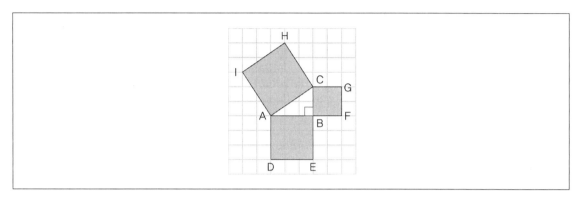

① 13

② 14

③ 15

④ 16

⑤ 17

15 10km를 달리는 시합에서 출발 후 1시간 이내에 결승선을 통과해야 기념품을 받을 수 있다. 출발 후 처음 12분을 시속 8km로 달렸다면, 남은 거리를 적어도 얼마의 평균 속력으로 달려야 기념품을 받을 수 있는가?

① 시속 10.5km

② 시속 11.0km

③ 시속 11.5km

④ 시속 12.0km

⑤ 시속 12.5km

16 차고 및 A, B, C 간의 거리는 아래의 표와 같다. 차고에서 출발하여 A, B, C 3개의 수요지를 각각 1대의 차량이 방문하는 경우에 비해 1대의 차량으로 3개의 수요지를 모두 방문하고 차고지로 되돌아오는 경우, 수송 거리가 최대 몇 km 감소되는가?

구분	A	B	C
차고	10	13	12
A	–	5	10
B	–	–	7

① 24 ② 30

③ 36 ④ 46

⑤ 58

17 다음은 2012 ~ 2021년 5개 자연재해 유형별 피해금액에 관한 자료이다. 이에 대한 설명으로 옳은 것만을 모두 고른 것은?

5개 자연재해 유형별 피해금액

(단위 : 억 원)

유형＼연도	2012	2013	2014	2015	2016	2017	2018	2019	2020	2021
태풍	3,416	1,385	118	1,609	9	0	1,725	2,183	8,765	17
호우	2,150	3,520	19,063	435	581	2,549	1,808	5,276	384	1,581
대설	6,739	5,500	52	74	36	128	663	480	204	113
강풍	0	93	140	69	11	70	2	0	267	9
풍랑	0	0	57	331	0	241	70	3	0	0
전체	12,305	10,498	19,430	2,518	637	2,988	4,268	7,942	9,620	1,720

ㄱ 2012 ~ 2021년 강풍 피해금액 합계는 풍랑 피해금액 합계보다 적다.

ㄴ 2020년 태풍 피해금액은 2020년 5개 자연재해 유형 전체 피해금액의 90% 이상이다.

ㄷ 피해금액이 매년 10억 원보다 큰 자연재해 유형은 호우뿐이다.

ㄹ 피해금액이 큰 자연재해 유형부터 순서대로 나열하면 2018년과 2019년의 순서는 동일하다.

① ㄱㄴ ② ㄱㄷ

③ ㄷㄹ ④ ㄱㄴㄹ

⑤ ㄴㄷㄹ

18 다음 표는 A ~ E 리조트의 1박 기준 일반요금 및 회원할인율에 관한 자료이다. 이에 대한 〈보기〉의 설명 중 옳은 것만 모두 고른 것은?

〈표 1〉 비수기 및 성수기 일반요금(1박 기준)

(단위 : 천 원)

구분＼리조트	A	B	C	D	E
비수기 일반요금	300	250	200	150	100
성수기 일반요금	500	350	300	250	200

〈표 2〉 비수기 및 성수기 회원할인율(1박 기준)

(단위 : %)

구분	회원유형＼리조트	A	B	C	D	E
비수기 회원할인율	기명	50	45	40	30	20
	무기명	35	40	25	20	15
성수기 회원할인율	기명	35	30	30	25	15
	무기명	30	25	20	15	10

※ 회원할인율(%) $= \dfrac{\text{일반요금} - \text{회원요금}}{\text{일반요금}} \times 100$

〈보기〉

㉠ 리조트 1박 기준, 성수기 일반요금이 낮은 리조트일수록 성수기 무기명 회원요금이 낮다.
㉡ 리조트 1박 기준, B 리조트의 회원요금 중 가장 높은 값과 가장 낮은 값의 차이는 125,000원이다.
㉢ 리조트 1박 기준, 각 리조트의 기명 회원요금은 성수기가 비수기의 2배를 넘지 않는다.
㉣ 리조트 1박 기준, 비수기 기명 회원요금과 비수기 무기명 회원요금 차이가 가장 작은 리조트는 성수기 기명 회원요금과 성수기 무기명 회원요금 차이도 가장 작다.

① ㉠㉡
② ㉠㉢
③ ㉢㉣
④ ㉠㉡㉣
⑤ ㉡㉢㉣

▌19-20▐ 다음은 ○○협회에서 주관한 학술세미나 일정에 관한 것으로 다음 세미나를 준비하는 데 필요한 일, 각각의 일에 걸리는 시간, 일의 순서 관계를 나타낸 표이다. 제시된 표를 바탕으로 물음에 답하시오. (단, 모든 작업은 동시에 진행할 수 없다)

■ 세미나 준비 현황

구분	작업	작업시간(일)	먼저 행해져야 할 작업
가	세미나 장소 세팅	1	바
나	현수막 제작	2	다, 마
다	세미나 발표자 선정	1	라
라	세미나 기본계획 수립	2	없음
마	세미나 장소 선정	3	라
바	초청자 확인	2	라

19 현수막 제작을 시작하기 위해서는 최소 며칠이 필요하겠는가?

① 3일　　　　　　　　　　② 4일

③ 5일　　　　　　　　　　④ 6일

⑤ 7일

20 세미나 기본계획 수립에서 세미나 장소 세팅까지 모든 작업을 마치는 데 필요한 시간은?

① 10일　　　　　　　　　② 11일

③ 12일　　　　　　　　　④ 13일

⑤ 14일

21 수인이와 혜인이는 주말에 차이나타운(인천역)에 가서 자장면도 먹고 쇼핑도 할 계획이다. 지하철노선도를 보고 계획을 짜고 있는 상황에서 아래의 노선도 및 각 조건에 맞게 상황을 대입했을 시에 두 사람의 개인 당 편도 운임 및 역의 수가 바르게 짝지어진 것은?

> (조건 1) 두 사람의 출발역은 청량리역이며, 환승하지 않고 직통으로 간다. (1호선)
>
> (조건 2) 추가요금은 기본운임에 연속적으로 더한 금액으로 한다. 청량리~서울역 구간은 1,250원(기본 운임)이며, 서울역~구로역까지 200원 추가, 구로역~인천역까지 300원씩 추가된다.

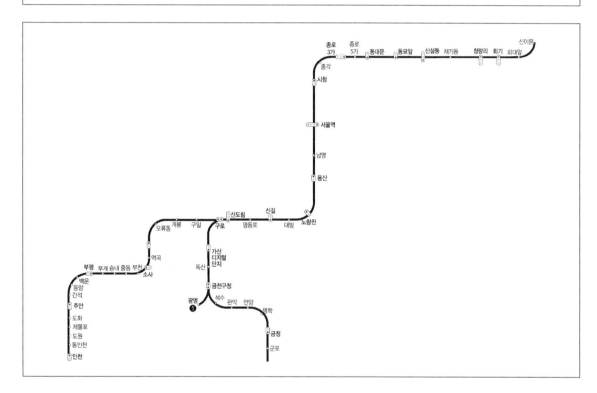

	편도 금액	역의 수
①	1,600원	33개 역
②	1,650원	37개 역
③	1,700원	31개 역
④	1,750원	37개 역
⑤	1,800원	35개 역

22 정원이는 이번 여름휴가에 친구들과 걸어서 부산으로 여행을 계획하던 중 여러 가지 상황이 변수(날씨, 직장 등)로 작용하여 여러 가지 교통수단을 생각하게 되었다. 이 때 아래의 표를 참조하여 보완적 평가방식을 활용해 효율적으로 이동이 가능한 교통운송 수단을 고른다면, 어떤 대안이 선택되겠는가? (보완적 평가방식 : 각 상표에 있어 어떤 속성의 약점을 다른 속성의 강점에 의해 보완하여 전반적인 평가를 내리는 방식을 말함)

평가의 기준	중요도	교통운송수단에 관한 평가			
		비행기	기차	고속버스	승용차
경제성	20	4	5	4	3
디자인	30	4	4	5	7
승차감	40	7	5	7	8
속도	50	9	8	5	6

① 기차   ② 비행기

③ 고속버스   ④ 승용차

⑤ 정답 없음

23 다음은 우리나라의 연도별·유형별 정치 참여도를 나타낸 자료이다. 〈보기〉에 주어진 조건을 참고할 때, ㉠~㉣에 들어갈 알맞은 정치 참여방법을 순서대로 올바르게 나열한 것은 어느 것인가?

	㉠	온라인상 의견 피력하기	정부나 언론에 의견제시	㉡	탄원서·진정서·청원서 제출하기	㉢	공무원·정치인에 민원전달	㉣
2014	53.9	15.0	9.5	21.2	8.8	9.2	10.3	12.8
2015	58.8	14.7	8.8	17.5	7.9	7.6	9.1	9.2
2016	69.3	13.3	6.7	14.9	5.6	6.9	6.1	10.3
2017	74.1	12.2	6.4	14.5	5.8	14.4	5.6	8.5

───────── 〈보기〉 ─────────

1. 주변인과 대화를 하거나 시위 등에 참여하는 방법은 2014년보다 2017년에 그 비중이 더 증가하였다.
2. 2017년에 서명운동에 참여하거나 주변인과 대화를 하는 방법으로 정치에 참여하는 사람의 비중은 모두 온라인상 의견을 피력하는 방법으로 정치에 참여하는 사람의 비중보다 더 많다.
3. 2014~2016년 기간 동안은 시위에 참여하거나 불매운동을 하는 방법으로 정치에 참여한 사람의 비중이 온라인상 의견을 피력하는 방법으로 정치에 참여한 사람의 비중보다 항상 적었다.

① 서명운동 참여하기 – 주변인과 대화하기 – 시위·집회 참여하기 – 불매운동 참여하기
② 주변인과 대화하기 – 서명운동 참여하기 – 시위·집회 참여하기 – 불매운동 참여하기
③ 주변인과 대화하기 – 서명운동 참여하기 – 불매운동 참여하기 – 시위·집회 참여하기
④ 주변인과 대화하기 – 시위·집회 참여하기 – 서명운동 참여하기 – 불매운동 참여하기
⑤ 불매운동 참여하기 – 주변인과 대화하기 – 서명운동 참여하기 – 시위·집회 참여하기

24 ○○기관의 김 대리는 甲, 乙, 丙, 丁, 戊 인턴 5명의 자리를 배치하고자 한다. 다음의 조건에 따를 때 이 중 옳지 않은 것은?

- 최상의 업무 효과를 내기 위해서는 성격이 서로 잘 맞는 사람은 바로 옆자리에 앉혀야 하고, 서로 잘 맞지 않는 사람은 바로 옆자리에 앉혀서는 안 된다.
- 丙과 乙의 성격은 서로 잘 맞지 않는다.
- 甲과 乙의 성격은 서로 잘 맞는다.
- 甲과 丙의 성격은 서로 잘 맞는다.
- 戊와 丙의 성격은 서로 잘 맞지 않는다.
- 丁의 성격과 서로 잘 맞지 않는 사람은 없다.
- 丁은 햇빛 알레르기가 있어 창문 옆(1번) 자리에는 앉을 수 없다.

■ 자리 배치도

창문	1	2	3	4	5

① 甲은 3번 자리에 앉을 수 있다.

② 乙은 5번 자리에 앉을 수 있다.

③ 丙은 2번 자리에 앉을 수 있다.

④ 丁은 3번 자리에 앉을 수 없다.

⑤ 戊는 2번 자리에 앉을 수 없다.

25 다음은 건물주 甲이 판단한 입주 희망 상점에 대한 정보이다. 다음에 근거하여 건물주 甲이 입주시킬 두 상점을 고르면?

〈표〉 입주 희망 상점 정보

상점	월세(만 원)	폐업위험도	월세 납부일 미준수비율
중국집	90	중	0.3
한식집	100	상	0.2
분식집	80	중	0.15
편의점	70	하	0.2
영어학원	80	하	0.3
태권도학원	90	상	0.1

※ 음식점 : 중국집, 한식집, 분식집

※ 학원 : 영어학원, 태권도학원

〈정보〉

- 건물주 甲은 자신의 효용을 극대화하는 상점을 입주시킨다.
- 甲의 효용 : 월세(만 원)×입주 기간(개월) − 월세 납부일 미준수비율×입주 기간(개월)×100(만 원)
- 입주 기간 : 폐업위험도가 '상'인 경우 입주 기간은 12개월, '중'인 경우 15개월, '하'인 경우 18개월
- 음식점 2개를 입주시킬 경우 20만 원의 효용이 추가로 발생한다.
- 학원 2개를 입주시킬 경우 30만 원의 효용이 추가로 발생한다.

① 중국집, 한식집

② 한식집, 분식집

③ 분식집, 태권도학원

④ 영어학원, 태권도학원

⑤ 분식집, 영어학원

26 갑과 을, 병 세 사람은 면세점에서 A, B, C 브랜드 중 하나의 가방을 각각 구입하려고 한다. 소비자들이 가방을 구매하는데 고려하는 것은 브랜드명성, 디자인, 소재, 경제성의 네 가지 속성이다. 각 속성에 대한 평가는 0부터 10까지의 점수로 주어지며, 점수가 높을수록 소비자를 더 만족시킨다고 한다. 각 브랜드의 제품에 대한 평가와 갑, 을, 병 각자의 제품을 고르는 기준이 다음과 같을 때, 소비자들이 구매할 제품으로 바르게 짝지어진 것은?

〈브랜드별 소비자 제품평가〉

	A 브랜드	B 브랜드	C 브랜드
브랜드명성	10	7	7
경제성	4	8	5
디자인	8	6	7
소재	9	6	3

※ 각 평가에 부여하는 가중치 : 브랜드명성(0.4), 경제성(0.3), 디자인(0.2), 소재(0.1)

〈소비자별 구매기준〉

갑 : 가중치가 높은 순으로 가장 좋게 평가된 제품을 선택한다.

을 : 모든 속성을 가중치에 따라 평가(점수×가중치)하여 종합적으로 가장 좋은 대안을 선택한다.

병 : 모든 속성이 4점 이상인 제품을 선택한다. 2가지 이상이라면 디자인 점수가 높은 제품을 선택한다.

	갑	을	병			갑	을	병
①	A	A	A		②	A	A	B
③	A	B	C		④	B	C	B
⑤	B	A	B					

27 다음은 특보의 종류 및 기준에 관한 자료이다. ㉠과 ㉡의 상황에 어울리는 특보를 올바르게 짝지은 것은?

〈특보의 종류 및 기준〉

종류	주의보	경보
강풍	육상에서 풍속 14m/s 이상 또는 순간풍속 20m/s 이상이 예상될 때. 다만, 산지는 풍속 17m/s 이상 또는 순간풍속 25m/s 이상이 예상될 때	육상에서 풍속 21m/s 이상 또는 순간풍속 26m/s 이상이 예상될 때. 다만, 산지는 풍속 24m/s 이상 또는 순간풍속 30m/s 이상이 예상될 때
호우	6시간 강우량이 70mm 이상 예상되거나 12시간 강우량이 110mm 이상 예상될 때	6시간 강우량이 110mm 이상 예상되거나 12시간 강우량이 180mm 이상 예상될 때
태풍	태풍으로 인하여 강풍, 풍랑, 호우 현상 등이 주의보 기준에 도달할 것으로 예상될 때	태풍으로 인하여 풍속이 17m/s 이상 또는 강우량이 100mm 이상 예상될 때. 다만, 예상되는 바람과 비의 정도에 따라 아래와 같이 세분한다. |	3급	2급	1급
---	---	---	---
바람(m/s)	17~24	25~32	33이상
비(mm)	100~249	250~399	400이상	
폭염	6월~9월에 일최고기온이 33℃ 이상이고, 일최고열지수가 32℃ 이상인 상태가 2일 이상 지속될 것으로 예상될 때	6월~9월에 일최고기온이 35℃ 이상이고, 일최고열지수가 41℃ 이상인 상태가 2일 이상 지속될 것으로 예상될 때

㉠ 태풍이 남해안에 상륙하여 울산지역에 270mm의 비와 함께 풍속 26m/s의 바람이 예상된다.

㉡ 지리산에 오후 3시에서 오후 9시 사이에 약 130mm의 강우와 함께 순간풍속 28m/s가 예상된다.

	㉠	㉡
①	태풍경보 1급	호우주의보
②	태풍경보 2급	호우경보＋강풍주의보
③	태풍주의보	강풍주의보
④	태풍경보 2급	호우경보＋강풍경보
⑤	태풍경보 1급	강풍주의보

28 다음과 같은 팀 내 갈등을 원만하게 해결하기 위하여 팀원들이 함께 모색해 보아야 할 사항으로 가장 적절하지 않은 것은?

> 평소 꼼꼼하고 치밀하며 안정주의를 지향하는 성격인 정 대리는 위험을 감수하거나 모험에 도전하는 일만큼 우둔한 것은 없다고 생각한다. 그런 성격 덕분에 정 대리는 팀 내 경비 집행 및 예산 관리를 맡고 있다. 한편, 정 대리와 입사동기인 남 대리는 디테일에는 다소 약하지만 진취적, 창조적이며 어려운 일에 도전하여 뛰어난 성과를 달성하는 모습을 자신의 장점으로 가지고 있다. 두 사람은 팀의 크고 작은 업무 추진에 있어 주축을 이뤄가며 조화로운 팀을 꾸려가는 일에 늘 앞장을 서 왔지만 왠지 최근들어 자주 부딪히는 모습이다. 이에 다른 직원들까지 업무 성향별로 나뉘는 상황이 발생하여 팀장은 큰 고민에 빠져있다. 다음 달에 있을 중요한 프로젝트 추진을 앞두고, 두 사람의 단결된 힘과 각자의 리더십이 필요한 상황이다.

① 각각의 주장을 검토하여 잘못된 부분을 지적하고 고쳐주는 일
② 어느 한쪽으로도 치우치지 않고 중립을 지키는 일
③ 차이점보다 유사점을 파악하도록 돕는 일
④ 다른 사람들을 참여시켜서 개방적으로 토의하게 하는 일
⑤ 느낌이나 성격이 아니라 사실이나 행동에 초점을 두는 일

29 리더는 조직원들에게 지속적으로 자신의 잠재력을 발휘하도록 만들기 위한 외적인 동기유발제 그 이상을 제공해야 한다. 이러한 리더의 역량이라고 볼 수 없는 것은?

① 높은 성과를 달성한 조직원에게는 곧바로 따뜻한 말이나 칭찬으로 보상해 준다.
② 직원들이 자신의 업무에 책임을 지도록 하는 환경 속에서 일할 수 있게 해 준다.
③ 직원 자신이 권한과 목적의식을 가지고 있는 중요한 사람이라는 사실을 느낄 수 있도록 이끌어 준다.
④ 조직을 위험에 빠지지 않도록 리스크 관리를 철저히 하여 안심하고 근무할 수 있도록 해 준다.
⑤ 직원 자신이 상사로부터 충분히 인정받고 있으며 일부 권한을 위임받았다고 느낄 수 있도록 동기를 부여해 준다.

30 모바일 중견회사 감사 부서에서 생산성 10% 하락, 팀원들 간의 적대감이나 잦은 갈등, 비효율적인 회의 등 생산팀의 문제점을 발견하였다. 이를 해결하기 위한 방안으로 가장 적절한 것을 고르시오.

① 아이디어가 넘치는 환경 조성을 위해 많은 양의 아이디어를 요구한다.

② 어느 정도 시간이 필요하므로 갈등을 방치한다.

③ 동료의 행동과 수행에 대한 피드백을 감소시킨다.

④ 의견 불일치가 발생할 경우 생산팀장은 제3자로 개입하여 중재한다.

⑤ 리더가 팀을 통제하고 발언의 기회를 줄인다.

31 다음 글에서와 같이 노조와의 갈등에 있어 최 사장이 보여 준 갈등해결방법은 어느 유형에 속하는가?

> 노조위원장은 임금 인상안이 받아들여지지 않자 공장의 중간관리자급들을 동원해 전격 파업을 단행하기로 하였고, 이들은 임금 인상과 더불어 자신들에게 부당한 처우를 강요한 공장장의 교체를 요구하였다. 회사의 창립 멤버로 회사 발전에 기여가 큰 공장장을 교체한다는 것은 최 사장이 단 한 번도 상상해 본 적 없는 일인지라 오히려 최 사장에게는 임금 인상 요구가 하찮게 여겨질 정도로 무거운 문제에 봉착하게 되었다. 1시간 뒤 가진 노조 대표와의 협상 테이블에서 최 사장은 임금과 부당한 처우 관련 모든 문제는 자신에게 있으니 공장장을 볼모로 임금 인상을 요구하지는 말 것을 노조 측에 부탁하였고, 공장장 교체 요구를 철회한다면 임금 인상안을 매우 긍정적으로 검토하겠다는 약속을 하게 되었다. 또한, 노조원들의 처우 관련 개선안이나 불만사항은 자신에게 직접 요청하여 합리적인 사안의 경우 즉시 수용할 것임을 전달하기도 하였다. 결국 이러한 최 사장의 노력을 받아들인 노조는 파업을 중단하고 다시 업무에 복귀하게 되었다.

① 수용형   ② 경쟁형

③ 타협형   ④ 통합형

⑤ 회피형

32 K사는 판매제품에 대한 고객의 만족도를 알아보기 위하여 고객 설문 조사 방법에 대한 내부 회의를 진행하였다. 직원들로부터 도출된 다음 의견 중 고객 설문 조사의 바람직한 방법을 제시하고 있지 못한 것은?

① "설문 조사는 우선 우리가 알고자 하는 것보다 고객이 만족하지 못하는 것, 고객이 무언의 신호를 보내고 있는 것이 무엇인지를 알아내는 일이 더욱 중요하다고 봅니다."

② "가급적 고객의 감정에 따른 질문을 작성해야 할 거고, 비교적 상세한 질문과 자유회답 방식이 바람직할 거예요."

③ "우리 제품을 찾는 고객들은 일단 모두 같은 수준의 서비스를 원한다고 가정해야 일정한 서비스를 지속적으로 제공할 수 있을 테니, 질문을 작성할 때 이런 점을 반드시 참고해야 합니다."

④ "가끔 다른 설문지들을 보면 무슨 말을 하고 있는지, 뭘 알고 싶은 건지 헷갈릴 때가 많아요. 응답자들이 쉽게 알아들을 수 있는 말로 질문을 작성하는 것도 매우 중요합니다."

⑤ "고객의 만족도를 알기 위한 설문은 1회 조사에 그쳐서는 안 됩니다. 뿐만 아니라, 매번 질문내용을 바꾸지 않는 것도 꼭 지켜야 할 사항입니다."

33 조직 사회에서 일어나는 갈등을 해결하는 방법 중 문제를 회피하지 않으면서 상대방과의 대화를 통해 동등한 만큼의 목표를 서로 누리는 방법 두 가지가 있다. 이 두 가지 갈등해결방법에 대한 다음의 설명 중 빈칸에 들어갈 알맞은 말은?

> 첫 번째 유형은 자신에 대한 관심과 상대방에 대한 관심이 중간정도인 경우로서, 서로가 받아들일 수 있는 결정을 하기 위하여 타협적으로 주고받는 방식을 말한다. 즉, 갈등 당사자들이 반대의 끝에서 시작하여 중간 정도 지점에서 타협하여 해결점을 찾는 것이다.
> 두 번째 유형은 협력형이라고도 하는데, 자신은 물론 상대방에 대한 관심이 모두 높은 경우로서 '나도 이기고 너도 이기는 방법(win-win)'을 말한다. 이 방법은 문제해결을 위하여 서로 간에 정보를 교환하면서 모두의 목표를 달성할 수 있는 '윈윈' 해법을 찾는다. 아울러 서로의 차이를 인정하고 배려하는 신뢰감과 공개적인 대화를 필요로 한다. 이 유형이 가장 바람직한 갈등해결 유형이라 할 수 있다. 이러한 '윈윈'의 방법이 첫 번째 유형과 다른 점은 (   )는 것이며, 이것을 '윈윈 관리법'이라고 한다.

① 시너지 효과를 극대화할 수 있다.
② 상호 친밀감이 더욱 돈독해진다.
③ 보다 많은 이득을 얻을 수 있다.
④ 문제의 근본적인 해결책을 얻을 수 있다.
⑤ 대인관계를 넓힐 수 있다.

34 다음의 2가지 상황을 보고 유추 가능한 내용으로 보기 가장 어려운 것을 고르면?

(상황1)

회계팀 신입사원인 현진이는 맞선임인 수정에게 회계의 기초를 교육 및 훈련받고 있는 상황이다. 이렇듯 현진이의 입장에서는 인내심 있고 성의 있는 선임을 만나는 것이 신입사원인 현진이에게는 중요한 포인트가 된다.

수정 : 여기다 넣어야지. 더하고 더해서 여기에 넣는 거지. 그래, 안 그래?

(상황2)

회사에서 선후배관계인 성수와 지현이는 내기바둑을 두고 있다. 선임인 성수와 후임인 지현이는 1시간째 승부를 가르지 못하는 있었는데, 마침 바둑을 두다 중간중간 졸고 있는 후임인 지현이에게 성수가 말을 하는 상황이다.

성수 : 게으름, 나태, 권태, 짜증, 우울, 분노 모두 체력이 버티지 못해 정신이 몸의 지배를 받아 나타나는 증상이야

지현 : ……

성수 : 네가 후반에 종종 무너지는 이유, 데미지를 입은 후 회복이 더딘 이유, 실수한 후 복구기가 더딘 이유는 모두 체력의 한계 때문이야

지현 : ……

성수 : 체력이 약하면 빨리 편안함을 찾기 마련이고, 그러다 보면 인내심이 떨어지고 그 피로감을 견디지 못하게 되면 승부 따위는 상관없는 지경에 이르지

지현 : 아, 그렇군요.

성수 : 이기고 싶다면 충분한 고민을 버텨줄 몸을 먼저 만들어. 네가 이루고 싶은 게 있거든 체력을 먼저 길러라

지현 : 네 선배님 감사합니다.

---

① 부하직원의 능력을 향상시키는 것을 책임지는 교육이어야 한다는 생각으로부터 출발한 방식이다.

② 작업현장에서 상사가 부하 직원에게 업무 상 필요로 하는 능력 등을 중점적으로 지도 및 육성한다.

③ 조직의 필요에 합치되는 교육이 가능하다.

④ 직무 중에 이루어지는 교육훈련을 말하는 것으로 구성원들은 구체적 업무목표의 달성이 가능하다.

⑤ 지도자 및 교육자 사이의 친밀감을 형성하기에 용이하지 않다.

35 다음의 내용은 VOC(Voice Of Customer ; 고객의 소리)의 일부 사례로써 병원 측과 환자 측과의 대화를 나타낸 것이다. 이로 미루어 보아 가장 옳지 않은 설명을 고르면?

㉮ 물리치료센터

환자 : 처음에는 뜨거운 물로 치료를 해줬으나 이제는 그렇게 치료하지 않더군요. 물리치료사에게 물어 보니 치료를 뜨겁게 생각하는 분들이 많이 없었다고 했습니다. 하지만 저처럼 뜨거운 물을 이용 한 치료를 원하는 고객들이 많을 테니 치료 자체를 없애는 대신 두꺼운 수건을 깔아서 문제를 해결했으면 좋았을 것이라 생각합니다. 조금 더 고객의 마음을 헤아려줬으면 좋겠습니다.

병원 : 앞으로는 치료 자체를 없애기보다는 그것을 개선시키는 방향을 택하도록 노력하겠습니다.

㉯ 진료 과정

환자 : 다른 병원에서 무릎 치료에 실패하고 지인의 소개로 XX 병원에 방문했습니다. 오른쪽 다리뿐만 아니라 왼쪽 다리에도 문제가 있어서 두 쪽 다 수술 받기를 원했지만 아직은 왼쪽 다리 수술이 필요 없다는 진단을 들었습니다. 결국 왼쪽 다리에는 주사 시술만 받은 후 수영 등 무릎 건강에 도움이 된다는 운동을 해봤습니다. 하지만 전혀 개선이 되지 않더군요. 오른쪽 다리 수술을 할 때 같이 왼쪽 다리도 수술해 주셨으면 좋았을 겁니다.

병원 : XX 병원은 무조건 수술을 권유하지 않고, 고객의 상태를 고려한 맞춤 치료를 진행합니다. 하지 만 고객님의 의견을 마음에 새겨 진료 프로세스에 적극적으로 반영하겠습니다.

㉰ 건강검진센터

환자 : 대기하고 있을 때 피 검사, 엑스레이 검사 등을 미리 해주면 좋을 텐데 시간이 닥쳐서 검사를 시작하니까 대기 시간이 길어집니다. 심지어 오전 11시에 와서 오후 6시에 검사가 끝난 적도 있 었습니다. 점심시간이 걸리고, 제 차례가 됐을 때가 돼서야 피 검사를 하라고 하니 검사 결과가 나오는 데는 또 한 시간이 이상이 걸리더군요. 고객이 오면 자기 차례가 됐을 때 신속하게 검사 가 진행되길 바랍니다.

병원 : 앞으로 건강검진센터는 자체적인 진료 프로세스를 만들어 고객님들의 대기 시간을 줄일 수 있도 록 노력하겠습니다.

---

① 환자들의 요구사항을 충족시키는 방법에 대해서 신뢰할 수 있는 정확한 정보는 오직 환자만이 줄 수 있다는 것을 알 수 있다.

② 환자들의 불만을 접수하면서 병원경영혁신의 기초자료로 서비스 제공을 위한 예상 밖의 아이디어를 얻 을 수 있다.

③ 환자 측과의 접점에서 그들의 니즈에 기초한 표준화된 대응의 서비스가 가능하다.

④ 환자 측의 불편사항을 추후에 개선이 될 수 있게 만드는 연결 통로가 된다.

⑤ 환자 측의 요구사항을 잘 처리해도 그들의 만족도는 낮고 환자 측과의 관계유지는 더욱 악화될 것이다.

36 다음의 빈칸에 들어갈 말을 순서대로 나열한 것은?

> 조직의 (㉠)은/는 조직 내의 부문 사이에 형성된 관계로 조직목표를 달성하기 위한 조직구성원들의 상호작용을 보여준다. 이는 결정권의 집중정도, 명령계통, 최고 경영자의 통제, 규칙과 규제의 정도에 따라 달라지며 구성원들의 업무나 권한이 분명하게 정의된 기계적 조직과 의사결정권이 하부구성원들에게 많이 위임되고 업무가 고정적이지 않은 유기적 조직으로 구분될 수 있다. (㉡)은/는 이를 쉽게 파악할 수 있다. 구성원들의 임무, 수행하는 과업, 일하는 장소 등을 파악하는데 용이하다. 한편 조직이 지속되게 되면 조직구성원들 간 생활양식이나 가치를 공유하게 되는데 이를 조직의 (㉢)라고 한다. 이는 조직구성원들의 사고와 행동에 영향을 미치며 일체감과 정체성을 부여하고 조직이 (㉣)으로 유지되게 한다. 최근 이에 대한 중요성이 부각되면서 긍정적인 방향으로 조성하기 위한 경영층의 노력이 이루어지고 있다.

	㉠	㉡	㉢	㉣
①	구조	조직도	문화	안정적
②	목표	비전	규정	체계적
③	미션	핵심가치	구조	혁신적
④	직급	규정	비전	단계적
⑤	규정	비전	직급	순차적

37 다음은 A기업의 조직도이다. 다음 중 총무부의 역할로 가장 적절한 것은?

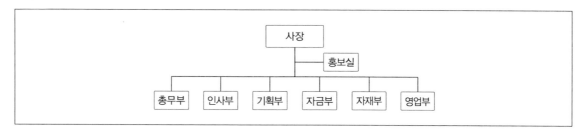

① 경영계획 및 전략 수집 · 조정 업무

② 의전 및 비서업무

③ 보험금융업무

④ 인력 확보를 위한 산학협동업무

⑤ 시장조사

38 21세기의 많은 기업 조직들은 불투명한 경영환경을 이겨내기 위해 많은 방법들을 활용하곤 한다. 이 중 브레인스토밍은 일정한 테마에 관하여 회의형식을 채택하고, 구성원의 자유발언을 통한 아이디어의 제시를 요구해 발상의 전환을 이루고 해법을 찾아내려는 방법인데 아래의 글을 참고하여 브레인스토밍에 관련한 것으로 보기 가장 어려운 것을 고르면?

> 전라남도는 지역 중소·벤처기업, 소상공인들이 튼튼한 지역경제의 버팀목으로 성장하도록 지원하는 정책 아이디어를 발굴하기 위해 27일 전문가 브레인스토밍 회의를 개최했다. 이날 회의는 정부의 경제성장 패러다임이 대기업 중심에서 중소·벤처기업 중심으로 전환됨에 따라 지역 차원에서 기업 지원 관련 기관, 교수, 상공인연합회, 중소기업 대표 등 관련 전문가들을 초청해 이뤄졌다. 회의에서는 중소·벤처기업, 소상공인 육성·지원과 청년창업 활성화를 위한 70여 건의 다양한 제안이 쏟아졌으며, 제안된 내용에 대해 구체적 실행 방안도 토론했다. 회의에 참석한 전문가들은 "중소·벤처기업이 변화를 주도하고, 혁신적 아이디어로 창업해 튼튼한 기업으로 성장하도록 정부와 지자체가 충분한 환경을 구축해주는 시스템의 변화가 필요하다."라고 입을 모았다.

① 쉽게 실행할 수 있고, 다양한 주제를 가지고 실행할 수 있다.
② 이러한 기법의 경우 아이디어의 양보다 질에 초점을 맞춘 것으로 볼 수 있다.
③ 집단의 작은 의사결정부터 큰 의사결정까지 복잡하지 않은 절차를 통해 팀의 구성원들과 아이디어를 공유가 가능하다.
④ 비판 및 비난을 자제하는 것을 원칙으로 한다.
⑤ 집단의 구성원들이 비교적 부담 없이 의견을 표출할 수 있다는 이점이 있다.

39 '경영참가제도'는 노사협의제, 이윤분배제, 종업원지주제 등의 형태로 나타난다. 다음에 제시된 항목 중, 이러한 경영참가제도가 발전하게 된 배경으로 보기 어려운 두 가지가 알맞게 짝지어진 것은?

> ㉠ 근로자들의 경영참가 욕구 증대
> ㉡ 노동조합을 적대적 존재로서가 아니라 파트너로서 역할을 인정하게 된 사용자 측의 변화
> ㉢ 노동조합의 다양한 기능의 점진적 축소
> ㉣ 기술혁신과 생산성 향상
> ㉤ 근로자의 자발적, 능동적 참여가 사기와 만족도를 높이고 생산성 향상에 기여하게 된다는 의식이 확산됨
> ㉥ 노사 양측의 조직규모가 축소됨에 따라 기업의 사회적 책임의식이 약해짐

① ㉠㉢
② ㉡㉥
③ ㉡㉣
④ ㉣㉥
⑤ ㉢㉥

┃40-41┃ 다음 S사의 업무분장표를 보고 이어지는 물음에 답하시오.

팀	주요 업무	필요 자질
영업관리	영업전략 수립, 단위조직 손익관리, 영업인력 관리 및 지원	마케팅/유통/회계지식, 대외 섭외력, 분석력
생산관리	원가/재고/외주 관리, 생산계획 수립	제조공정/회계/통계/제품 지식, 분석력, 계산력
생산기술	공정/시설 관리, 품질 안정화, 생산 검증, 생산력 향상	기계/전기 지식, 창의력, 논리력, 분석력
연구개발	신제품 개발, 제품 개선, 원재료 분석 및 기초 연구	연구 분야 전문지식, 외국어 능력, 기획력, 시장분석력, 창의/집중력
기획	중장기 경영전략 수립, 경영정보 수집 및 분석, 투자사 관리, 손익 분석	재무/회계/경제/경영 지식, 창의력, 분석력, 전략적 사고
영업 (국내/해외)	신시장 및 신규고객 발굴, 네트워크 구축, 거래선 관리	제품지식, 협상력, 프레젠테이션 능력, 정보력, 도전정신
마케팅	시장조사, 마케팅 전략수립, 성과 관리, 브랜드 관리	마케팅/제품/통계지식, 분석력, 통찰력, 의사결정력
총무	자산관리, 문서관리, 의전 및 비서, 행사 업무, 환경 등 위생관리	책임감, 협조성, 대외 섭외력, 부동산 및 보험 등 일반지식
인사/교육	채용, 승진, 평가, 보상, 교육, 인재개발	조직구성 및 노사 이해력, 교육학 지식, 객관성, 사회성
홍보/광고	홍보, 광고, 언론/사내 PR, 커뮤니케이션	창의력, 문장력, 기획력, 매체의 이해

40 위의 업무분장표를 참고할 때, 창의력과 분석력을 겸비한 경영학도인 신입사원이 배치되기에 가장 적합한 팀은?

① 연구개발팀

② 홍보/광고팀

③ 마케팅팀

④ 영업관리팀

⑤ 기획팀

41 다음 중 해당 팀 자체의 업무보다 타 팀 및 전사적인 업무 활동에 도움을 주는 업무가 주된 역할인 팀으로 묶인 것은?

① 총무팀, 마케팅팀
② 생산기술팀, 영업팀
③ 홍보/광고팀, 연구개발팀
④ 인사/교육팀, 생산관리팀
⑤ 홍보/광고팀, 총무팀

42 다음 중 개인윤리와 직업윤리의 조화로운 상황만을 바르게 묶은 것은?

> ㉠ 팔은 안으로 굽는다는 속담이 있듯이, 직장 내에서도 활용된다.
> ㉡ 규모가 큰 공동의 재산, 정보 등을 개인의 권한 하에 위임하는 것이다.
> ㉢ 개인윤리를 기반으로 공동의 협력을 추구한다.
> ㉣ 각 직무에서 모든 특수한 상황에서는 개인윤리와 충돌하는 경우도 있다.

① ㉠, ㉡, ㉢, ㉣
② ㉠, ㉡, ㉢
③ ㉠, ㉡, ㉣
④ ㉠, ㉢, ㉣
⑤ ㉡, ㉢, ㉣

43 다음은 면접 시 경어의 사용에 관한 내용이다. 이 중 가장 옳지 않은 항목은?

① 직위를 모르는 면접관을 지칭할 시에는 "면접위원"이 무난하고 직위 뒤에는 "님"자를 사용하지 않는다.
② 친족이나 또는 친척 등을 지칭할 때는 "아버지", "어머니", "언니", "조부모" 등을 쓰고 특별한 경칭을 붙이지 않는다.
③ 극존칭은 사용하지 않으며 지원회사명을 자연스럽게 사용한다.
④ 지망하고자 하는 회사의 회장, 이사, 과장 등을 지칭할 시에는 '님'자를 붙인다.
⑤ 자신을 지칭할 때는 "나"라는 호칭 대신에 "저"를 사용한다.

❙44-45❙ 다음은 J기업의 결재라인에 대한 내용과 양식이다. 다음을 보고 물음에 답하시오.

<그림/결재규정>

〈결재규정〉

• 결재를 받으려는 업무에 대하여 최고결재권자 이하 직책자의 결재를 받아야 한다.
• '전결'이라 함은 회사의 경영활동이나 관리활동을 수행함에 있어 의사결정이나 판단을 요하는 일에 대하여 최고결재권자의 결재를 생략하고, 자신의 책임 하에 최종적으로 의사결정이나 판단을 하는 행위를 말한다.
• 전결사항에 대해서도 위임 받은 자를 포함한 이하 직책자의 결재를 받아야 한다.
• 결재를 올리는 자는 전결을 위임받은 자가 있는 경우 위임받은 자의 결재란에 전결이라 표시하고 생략된 결재란은 대각선으로 표시한다.
• 결재권자의 부득이한 부재(휴가, 출장 등) 시 그 직무를 대행하는 자가 대신 결재(대결)하며 대결 시 서명 상단에 "대결"이라 쓰고 날짜를 기입한다.

〈전결사항〉

구분	내용	금액기준	결재서류	팀장	부장	이사
잡비	사무용품 등	–	지출결의서	▲		
출장비	유류비(교통비) 숙식비 등	20만 원 이하	출장계획서	■	▲	
		100만 원 이하	법인카드신청서		■	▲
교육비	내부교육비	–	기안서	■▲		
	외부교육비	50만 원 이하	지출결의서	■	▲	
		100만 원 이하	법인카드신청서		■	▲

※ 전결사항에 없는 기타 결재서류는 모두 사장이 최종결재권자이다.
※ ■ : 출장계획서, 기안서
　▲ : 지출결의서, 법인카드신청서

44 인사팀의 A씨는 다음 달에 있을 전문 연수원 기술교육을 위한 서류를 만드는 중이다. 숙박비 및 강사비 등으로 20만 원 초과, 100만 원 이하로 지출될 예정일 때, A씨가 작성할 결재양식으로 옳은 것은?

①

기안서					
결재	담당	팀장	부장	이사	최종결재
	A		전결	◸	

②

기안서					
결재	담당	팀장	부장	이사	최종결재
	A			전결	

③

지출결의서					
결재	담당	팀장	부장	이사	최종결재
	A		전결	◸	

④

지출결의서					
결재	담당	팀장	부장	이사	최종결재
	A				

⑤

지출결의서					
결재	담당	팀장	부장	이사	최종결재
	◸	전결			

45 해외영업부 H씨는 파리출장을 계획하고 있다. 예산을 200만 원으로 잡고 있을 때, H씨가 작성할 결재양식으로 옳은 것은?

①

출장계획서					
결재	담당	팀장	부장	이사	최종결재
	H		전결	◸	

②

출장계획서					
결재	담당	팀장	부장	이사	최종결재
	H			전결	

③

법인카드신청서					
결재	담당	팀장	부장	이사	최종결재
	H			전결	

④

법인카드신청서					
결재	담당	팀장	부장	이사	최종결재
	H				

⑤

법인카드신청서					
결재	담당	팀장	부장	이사	최종결재
	H		전결	◸	

46 다음 중 직장에서의 전화걸기 예절로 옳지 않은 것은?

① 전화를 건 이유를 숙지하고 이와 관련하여 대화를 나눌 수 있도록 준비한다.

② 전화는 정상적인 업무가 이루어지고 있는 근무 시간이 종료된 뒤에 걸도록 한다.

③ 정보를 얻기 위해 전화를 하는 경우라면 얻고자 하는 내용을 미리 메모하도록 한다.

④ 전화를 해달라는 메시지를 받았다면 가능한 한 48시간 안에 답해주도록 한다.

⑤ 전화는 직접 걸도록 한다.

47 직업인은 외근 등의 사유로 종종 자동차를 활용하곤 한다. 다음은 자동차 탑승 시에 대한 예절 및 윤리에 관한 설명이다. 이 중 가장 옳지 않은 것을 고르면?

① 승용차에서는 윗사람이 먼저 타고 아랫사람이 나중에 타며 아랫사람은 윗사람의 승차를 도와준 후에 반대편 문을 활용해 승차한다.

② Jeep류의 차종인 경우(문이 2개)에는 운전석의 뒷자리가 상석이 된다.

③ 운전자의 부인이 탈 경우에는 운전석 옆자리가 부인석이 된다.

④ 자가용의 차주가 직접 운전을 할 시에 운전자의 오른 좌석에 나란히 앉아 주는 것이 매너이다.

⑤ 상석의 위치에 관계없이 여성이 스커트를 입고 있을 경우에는 뒷좌석의 가운데 앉지 않도록 배려해 주는 것이 매너이다.

48 다음 중 일반적으로 시간 약속에 늦었을 때 약속한 상대에게 말할 수 있는 정직함과 관련된 가장 적절한 대답은?

① 미안합니다. 차가 막혀서 늦었습니다.

② 당신도 저번에 늦었던 적이 있으니 이번만 이해해 주십시오.

③ 휴대폰을 깜빡하고 가져오지 않아 다시 가지러 갔다가 늦게 되었습니다.

④ 사실 이번 만남은 별로 오고 싶지 않아서 늑장을 부리다 늦었습니다.

⑤ 오는 길에 급한 일이 생겨 먼저 처리하고 오느라 조금 늦었습니다.

49 다음 A씨의 진로 선택 사례에서 알 수 있는 내용으로 옳은 것을 모두 고른 것은?

> 특성화 고등학교 출신인 A씨는 자신의 진로 유형 검사가 기계적 기술이나 신체적 운동을 요구하는 업무에 적합한 유형으로 나온 것을 고려하여 ○○ 기업 항공기 정비원으로 입사하였다. 또한 A씨는 보수나 지위에 상관없이 사회 구성원의 일원으로서 긍지와 자부심을 갖고 최선을 다해 일하고 있다.

> ㉠ 직업에 대해 소명 의식을 가지고 있다.
> ㉡ 홀랜드의 직업 흥미 유형 중 관습적 유형에 해당한다.
> ㉢ 직업의 개인적 의의보다 경제적 의의를 중요시하고 있다.
> ㉣ 한국 표준 직업 분류 중 기능원 및 관련 기능 종사자에 해당한다.

① ㉠, ㉡   ② ㉠, ㉢

③ ㉠, ㉣   ④ ㉡, ㉢

⑤ ㉡, ㉣

50 성실에 대한 설명 중 옳지 않은 것은?

① "최고보다는 최선을 꿈꾸어라"라는 말은 성실의 중요성을 뜻한다.
② "천재는 1퍼센트의 영감과 99퍼센트의 노력으로 만들어 진다"라는 말 역시 성실의 중요성을 뜻한다.
③ 성실이란 근면한 태도와 정직한 태도 모두와 관련이 되어 있다.
④ 성실하면 사회생활을 하는 데 있어서 바보 소리를 듣고, 실패하기 쉽다.
⑤ 성실의 특징은 다른 덕목의 모태가 되며, 현대 생활에서 필수적인 요소로 작용한다.

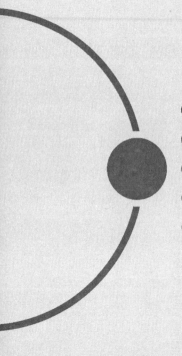

PART

02

정답 및 해설

1	④	2	④	3	③	4	③	5	③	6	②	7	②	8	③	9	⑤	10	④
11	①	12	③	13	②	14	③	15	③	16	②	17	①	18	③	19	③	20	④
21	④	22	⑤	23	②	24	②	25	②	26	④	27	①	28	②	29	②	30	②
31	①	32	④	33	④	34	④	35	④	36	①	37	①	38	④	39	②	40	④
41	④	42	④	43	③	44	②	45	②	46	④	47	④	48	①	49	④	50	④

1. ④

원활한 의사표현을 위한 지침

㉠ 올바른 화법을 위해 독서를 한다.

㉡ 좋은 청중이 된다.

㉢ 칭찬을 아끼지 않는다.

㉣ 공감하고, 긍정적으로 보이도록 노력한다.

㉤ 항상 겸손하게 행동한다.

㉥ 과감하게 공개한다.

㉦ 뒷말을 숨기지 않는다.

㉧ 첫마디 말을 준비한다.

㉨ 이성과 감성의 조화를 이루도록 노력한다.

㉩ 대화의 룰을 지킨다.

㉪ 문장을 끝까지 말한다.

2. ④

④ 기원 – 祈願

3. ③

③ 영희가 장갑을 이미 낀 상태인지, 장갑을 끼는 동작을 진행 중인지 의미가 확실치 않은 동사의 상적 속성에 의한 중의성의 사례가 된다.

① 수식어에 의한 중의성의 사례로, 길동이가 나이가 많은 것인지, 길동이와 을순이 모두가 나이가 많은 것인지가 확실치 않은 중의성을 포함하고 있다.

② 접속어에 의한 중의성의 사례로, '그 녀석'이 나와 함께 가서 아버지를 만난 건지, 나와 아버지를 각각 만난 건지, 나와 아버지 둘을 같이 만난 건지가 확실치 않은 중의성을 포함하고 있다.

④ 명사구 사이 동사에 의한 중의성의 사례로, 그녀가 친구들을 보고 싶어 하는 것인지 친구들이 그녀를 보고 싶어 하는 것인지가 확실치 않은 중의성을 포함하고 있다.

⑤ 수식어에 의한 중의성의 사례로, '아끼던'의 수식을 받는 말이 그녀인지 선물인지가 확실치 않은 중의성을 포함하고 있다.

4. ③

③ 우리나라에서는 바다거북·장수거북·남생이·자라 등 4종이 알려져 있지만 이들이 우리나라에만 서식하는 고유종으로 보기는 어렵다.

5. ③

③ 대나무를 의인화하여 절개 있는 부인을 비유한 작품이다.

① 판소리계 소설인 토끼전의 근원설화가 되는 작품으로 거북과 토끼가 지혜를 겨루는 내용이다.

② 거북을 의인화하여 어진 사람의 행적을 기린 작품이다.

④ 판소리계 소설로 「토끼전」이라고도 한다.

⑤ 별주부전의 다른 이름이다.

6. ②

십장생은 민간신앙 및 도교에서 불로장생을 상징하는 열 가지의 사물로, 보통 '해·달·산·내·대나무·소나무·거북·학·사슴·불로초' 또는 '해·돌·물·구름·대나무·소나무·불로초·거북·학·산'을 이른다.

7. ②

② 간돌도끼는 돌을 갈아서 사용한 것으로 흔히 마제석부라고 부른다. 타제석부는 돌을 깨트려 사용한 것으로 뗀돌도끼가 이에 해당한다.

8. ③

③ 구석기시대 주먹도끼에 대한 설명이다.

9. ⑤

인터넷을 활용하여 다양한 자료 검색 방법을 알려 주는 것은 발표문에 나타나지 않았다.

10. ④

햄버거 수 : x 핫도그 수 : $3x$

$(x \times 3000) + (3x \times 1500) = 30,000$

$3000x + 4500x = 30,000$

$x = 4$

11. ①

$x =$ 집과 공원 사이의 거리, 시간 $= \dfrac{거리}{속력}$

걸어서 간 시간이 전기 자전거를 타고 간 시간보다 길기 때문에

$\dfrac{x}{4}$(걸어서 간 시간) $-$ $\dfrac{x}{20}$(전기자전거를 타고 간 시간) $= 1$

$\therefore \dfrac{4x}{20} = 1$, $x = 5$

12. ③

1억 원을 투자하여 15%의 수익률을 올려야 하므로 목표수익은 15,000,000원이다. 예상 취급량이 30,000개이므로 $15,000,000 \div 30,000 = 500$(원)이고, 취급원가가 1,500원이므로 목표수입가격은 $1,500 + 500 = 2,000$(원)이 된다.

13. ②

조건 (가)에서 R석의 티켓의 수를 a, S석의 티켓의 수를 b, A석의 티켓의 수를 c라 놓으면

$a+b+c=1,500$ …… ㉠

조건 (나)에서 R석, S석, A석 티켓의 가격은 각각 10만 원, 5만 원, 2만 원이므로

$10a+5b+2c=6,000$ …… ㉡

A석의 티켓의 수는 R석과 S석 티켓의 수의 합과 같으므로

$a+b=c$ …… ㉢

세 방정식 ㉠, ㉡, ㉢을 연립하여 풀면

㉠, ㉢에서 $2c=1,500$이므로 $c=750$

㉠, ㉡에서 연립방정식

$\begin{cases} a+b=750 \\ 2a+b=900 \end{cases}$

을 풀면 $a=150$, $b=600$이다.

따라서 구하는 S석의 티켓의 수는 600장이다.

14. ③

3/4 분기 성과평가 점수는 $(10 \times 0.4) + (8 \times 0.4) + (10 \times 0.2) = 9.2$로, 성과평가 등급은 A이다. 성과평가 등급이 A이면 직전 분기 차감액의 50%를 가산하여 지급하므로, 2/4 분기 차감액인 20만 원($\because$ 2/4 분기 성과평가 등급 C)의 50%를 가산한 110만 원이 성과급으로 지급된다.

15. ③

A : $0.3 \times 0.3 = 0.09 = 9(\%)$

B : $0.4 \times 0.2 = 0.08 = 8(\%)$

C : $0.1 \times 0.4 = 0.04 = 4(\%)$

D : $0.2 \times 0.1 = 0.02 = 2(\%)$

$\therefore$ A+B+C+D=23(%)

16. ②

올해 A 골프장의 회원 수는 서울 60명, 경기 90명, 충청 120명, 강원 30명이다.

따라서 5년 전의 회원 수는 서울 60명, 경기 45명, 충청 60명, 강원 60명이 된다.

이 중 5년 전 서울 지역 회원의 비율은 $\dfrac{60}{225} \times 100 ≒ 26.6(\%)$가 된다.

17. ①

D 골프장의 강원 지역 회원이 차지하는 비율 : 0.2×0.3=0.06=6(%)

A 골프장의 강원 지역 회원이 차지하는 비율 : 0.3×0.1=0.03=3(%)

D 골프장의 강원 지역 회원 수가 200명이므로 6 : 3=200 : x

∴ x=100(명)

18. ③

연도 구분	2017	2018	2019	2020	2021
CCTV	3,110	2,960	3,071	2,983	2,993

2017년 : 2016년 대비 10대 증가

2018년 : 2017년 대비 150대 감소

2019년 : 2018년 대비 111대 증가

2020년 : 2019년 대비 88대 감소

2021년 : 2020년 대비 10대 증가

19. ③

위의 조건을 기반으로 각 비용을 구하면 다음과 같다.

• 우진이와 여자 친구의 프리미엄 고속버스 비용=37,000원×2(명)×2(왕복)=148,000원

• 조카 2(50%를 할인 받음)의 운임=37,000원×50%×2(왕복)=37,000원

• 조카 1은 하행인 경우 우진이의 무릎에 앉아가고, 상행인 경우에 좌석을 지정해서 가는 것이므로 이는 편도에 해당한다. 따라서 조카 1(75% 할인 받음)의 운임=하행선 무료+37,000원×(100−75%)=9,250원

∴ 148,000원+37,000원+9,250원=194,250원

20. ④

5개의 건물이 위치한 곳을 그림과 기호로 표시하면 다음과 같다.

- 첫 번째 조건을 통해 목욕탕, 미용실, 은행은 C, D, E 중 한 곳, 교회와 편의점은 A, B 중 한 곳임을 알 수 있다.
- 두 번째 조건에 의하면 목욕탕과 교회 사이에 편의점과 또 하나의 건물이 있어야 한다. 이 조건을 충족하려면 A가 교회, B가 편의점이어야 하며 또한 D가 목욕탕이어야 한다. C와 E는 어느 곳이 미용실과 은행의 위치인지 주어진 조건만으로 알 수 없다.

따라서 보기 ④에서 언급된 바와 같이 미용실이 E가 된다면 은행은 C가 되어 교회인 A와 45m 거리에 있게 된다.

21. ④

㉠ a를 '을'팀이 맡는 경우 : 4개의 프로젝트를 맡은 팀이 2팀이라는 조건에 어긋난다. 따라서 a를 '을'팀이 맡을 수 없다.

갑	c, d, e	0→3개
을	a, b	1→3개
병		2→3개
정		2→3개
무		3→4개

㉡ f를 '갑'팀이 맡는 경우 : a, b를 '병'팀 혹은 '정'팀이 맡게 되는데 4개의 프로젝트를 맡은 팀이 2팀이라는 조건에 어긋난다. 따라서 f를 '갑'팀이 맡을 수 없다.

갑	f	0→1개
을	c, d, e	1→4개
병	a, b	2→4개
정		2→3개
무		3→4개

㉢ a, b를 '갑'팀이 맡는 경우 기존에 수행하던 프로젝트를 포함해서 2개의 프로젝트를 맡게 된다.

갑	a, b	0→2개
을	c, d, e	1→4개
병		2→3개
정		2→3개
무		3→4개

22. ⑤

〈표〉와 〈정보〉를 통해 ⓐ, ⓑ, ⓒ, ⓓ, ⓔ기업이 A, B, C, D, E기업 중 어느 기업에 해당하는지를 파악해야 한다.

• 자기자본과 산업 평균 자기자본의 차이가 가장 작은 기업이 'B'라고 되어 있으므로, 〈표 1〉을 통해 ⓓ가 'B'임을 알 수 있다.

• 'D'는 매출액 순위와 순이익 순위가 동일하다고 했는데, 매출액 순위와 순이익 순위가 동일한 것은 ⓐ와 ⓓ이므로 ⓐ가 'D'임을 알 수 있다.

• 'A'의 자산은 'E'의 자산의 70% 미만이라고 하고 있으므로, 자산이 제일 작은 ⓑ는 'E'가 될 수 없으며, ⓔ의 자산의 70%보다 ⓑ의 자산이 더 크므로, ⓔ도 'E'가 될 수 없다. 따라서 ⓒ가 'E'가 된다.

• 'C'의 매출액은 산입 평균 매출액보다 크다고 하고 있으므로 산업 평균 매출액보다 매출액이 큰 ⓐ, ⓒ, ⓔ 중 하나가 'C'가 되는데, ⓐ가 'D'이고, ⓒ가 'E'이므로 ⓔ가 'C'가 되며, ⓑ는 자동적으로 'A'가 된다.

∴ A-ⓑ, B-ⓓ, C-ⓔ, D-ⓐ, E-ⓒ

이에 따라 A~E기업의 자산 대비 매출액 비율을 구하면 다음과 같다.

A-ⓑ $= \dfrac{800}{600} \times 100 ≒ 133.33(\%)$

B-ⓓ $= \dfrac{1,000}{1,200} \times 100 ≒ 83.33(\%)$

C-ⓔ $= \dfrac{1,400}{800} \times 100 = 175(\%)$

D-ⓐ $= \dfrac{1,200}{1,200} \times 100 = 100(\%)$

E-ⓒ $= \dfrac{1,800}{2,400} \times 100 = 75(\%)$

∴ 자산 대비 매출액 비율이 가장 낮은 기업은 'E'이고, 자산 대비 매출액 비율이 가장 높은 기업은 'C'가 된다.

23. ②

㉠ 소액주주수가 가장 적은 기업은 ⓐ로, 기타주주의 지분율이 20%이므로 총발행주식수 3,000,000주 중 600,000주를 보유하며, 1인당 보유주식수는 주주수가 20명이므로 30,000주가 된다.

㉢ ⓑ의 대주주의 수는 1명으로 20%의 지분율을 보유하고 있으므로, 총발행주식수 2,000,000주 중 20%인 400,000주가 된다.

㉡ ⓔ의 전체 주주수는 대주주 5명, 소액주주 8,000명, 기타주주 90명으로 8,095명이고, ⓒ의 전체 주주수는 대주주 2명, 소액주주 4,000명, 기타주주 10명으로 4,012명이다. 따라서 전체 주주수는 ⓔ가 ⓒ보다 많다.

㉣ 1주당 가격을 구하면 다음과 같다.

• ⓐ의 1주당 가격 $= \dfrac{시가총액}{총발행주식수} = \dfrac{90,000,000,000}{3,000,000} = 30,000$

• ⓓ의 1주당 가격 $= \dfrac{60,000,000,000}{1,000,000} = 60,000$

- ⓐ의 기타주주의 주식시기평가액 =1주당 가격×총발행주식수×해당 주주의 지분율
  $= 30,000 \times 3,000,000 \times 0.2 = 180$(억 원)
- ⓓ의 기타주주의 주식시가평가액 = 1주당 가격×총발행주식수×해당 주주의 지분율
  $= 60,000 \times 1,000,000 \times 0.4 = 240$(억 원)

24. ②

인도는 물 사용량이 가장 많으나 water footprint 대비 internal water footprint의 비율이 매우 높아 물 수입률이 2%로 가장 낮은 국가임을 알 수 있다.

① 물 자급률은 쿠웨이트가 $3 \div 22 \times 100 \fallingdotseq 13.6(\%)$, 일본이 $519 \div 1,461 \times 100 \fallingdotseq 35.5(\%)$로 쿠웨이트가 일본보다 낮다.

③ 물 자급률은 인도가 $9,714 \div 9,874 \times 100 \fallingdotseq 98.4(\%)$, 미국이 $5,658 \div 6,960 \times 100 \fallingdotseq 81.3(\%)$로 인도가 미국보다 높다.

④ 국내 자급기준 물 증가량은 $1,461 - 544 = 917$로 일본이 가장 높음을 어림값으로도 확인할 수 있다.

⑤ 국내 자급기준 물 증가량이 마이너스인 국가는 프랑스, 미국, 인도, 중국으로 총 네 개다.

25. ②

ⓒ 참가자는 무작위로 선정한 것이 아니라 시음회의 참여를 원하는 직원을 대상으로 선정하였기 때문에 전체 직원에 대한 대표성이 확보되었다고 보기는 어렵다.

ⓔ 대표성을 확보하기 위해서는 우리나라의 남녀 비율이 아닌 A회사의 남녀 비율을 고려하여 선정하는 것이 더 적절하다.

26. ④

㉠ A가 진실을 말할 때
  A : 파란색 구슬, B : 파란색 구슬, C : 노란색 구슬
  이 경우, 빨간색 구슬을 가진 사람이 없어서 모순이다.

㉡ B가 진실을 말할 때
  A : 빨간색 또는 노란색 구슬, B : 빨간색 또는 노란색 구슬, C : 노란색 구슬
  이 경우, 파란색 구슬을 가진 사람이 없어서 모순이다.

㉢ C가 진실을 말할 때
  A : 빨간색 또는 노란색 구슬, B : 파란색 구슬, C : 빨간색 또는 파란색 구슬
  이로부터, A는 노란색 구슬, B는 파란색 구슬, C는 빨간색 구슬을 가지고 있다.

㉠, ㉡, ㉢에 의하여 빨간색, 파란색, 노란색 구슬을 받은 사람을 차례로 나열하면 C, B, A이다.

27. ①

C가 4번째 정거장이므로 표를 완성하면 다음과 같다.

순서	1	2	3	4	5	6
정거장	D	F	E	C	A	B

따라서 E 바로 전의 정거장은 F이다.

28. ②

'이 둘은~인정하게 되었다.'를 통해 ②가 답임을 알 수 있다.

※ 갈등 해결 방법

　　㉠ 다른 사람들의 입장을 이해한다.

　　㉡ 사람들이 당황하는 모습을 자세하게 살핀다.

　　㉢ 어려운 문제는 피하지 말고 맞선다.

　　㉣ 자신의 의견을 명확하게 밝히고 지속적으로 강화한다.

　　㉤ 사람들과 눈을 자주 마주친다.

　　㉥ 마음을 열어놓고 적극적으로 경청한다.

　　㉦ 타협하려 애쓴다.

　　㉧ 어느 한쪽으로 치우치지 않는다.

　　㉨ 논쟁하고 싶은 유혹을 떨쳐낸다.

　　㉩ 존중하는 자세로 사람들을 대한다.

29. ②

'임파워먼트'란 조직구성원들을 신뢰하고 그들의 잠재력을 믿으며 그 잠재력의 개발을 통해 High Performance 조직이 되도록 하는 일련의 행위를 말한다.

※ 높은 성과를 내는 임파워먼트 환경의 특징

　　㉠ 도전적이고 흥미 있는 일

　　㉡ 학습과 성장의 기회

　　㉢ 높은 성과와 지속적인 개선을 가져오는 요인들에 대한 통제

　　㉣ 성과에 대한 지식

　　㉤ 긍정적인 인간관계

　　㉥ 개인들이 공헌하며 만족한다는 느낌

　　㉦ 상부로부터의 지원

30. ②

①④ 의심형 불만고객에 대한 대응방안
③⑤ 트집형 불만고객에 대한 대응방안

31. ①

② **거래적 리더십** : 리더가 부하들과 맺은 거래적 계약관계에 기반을 두고 영향력을 발휘하는 리더십
③ **카리스마 리더십** : 자기 자신과 부하들에 대한 극단적인 신뢰, 이들을 완전히 장악하는 거대한 존재감, 그리고 명확한 비전을 가지고 일단 결정된 사항에 대해서는 절대로 흔들리지 않는 확신을 가지는 리더십
④ **서번트 리더십** : 타인을 위한 봉사에 초점을 두고 종업원과 고객의 커뮤니티를 우선으로 그들의 욕구를 만족시키기 위해 헌신하는 리더십
⑤ **셀프 리더십** : 개인이 본인 스스로를 이끄는 리더십

32. ④

고객만족 조사의 목적
㉠ 전체적 경향의 파악
㉡ 고객에 대한 개별대응 및 고객과의 관계유지 파악
㉢ 평가목적
㉣ 개선목적

33. ④

변화에 소극적인 직원들을 성공적으로 이끌기 위한 방법
㉠ 개방적인 분위기를 조성한다.
㉡ 객관적인 자세를 유지한다.
㉢ 직원들의 감정을 세심하게 살핀다.
㉣ 변화의 긍정적인 면을 강조한다.
㉤ 변화에 적응할 시간을 준다.

34. ④

대결 국면에서의 핵심 사항은 상대방의 입장에 대한 무비판적인 부정이며, 격화 국면에서는 설득이 전혀 효과를 발휘할 수 없게 된다. 진정 국면으로 접어들어 비로소 협상이라는 대화가 시작되며 험난한 단계를 거쳐 온 갈등은 이때부터 서서히 해결의 실마리가 찾아지게 된다.

35. ④

멤버십 유형을 마인드를 나타내는 독립적 사고 축과 행동을 나타내는 적극적 실천 축으로 구분해 보면 다음과 같다.

구분	소외형	순응형	실무형	수동형
자아상	• 자립적인 사람 • 일부러 반대의견 제시 • 조직의 양심	• 기쁜 마음으로 과업 수행 • 팀플레이를 함 • 리더나 조직을 믿고 헌신함	• 조직의 운영방침에 민감 • 사건을 균형 잡힌 시각으로 봄 • 규정과 규칙에 따라 행동함	• 판단, 사고를 리더에 의존 • 지시가 있어야 행동
동료/ 리더의 시각	• 냉소적 • 부정적 • 고집이 셈	• 아이디어가 없음 • 인기 없는 일은 하지 않음 • 조직을 위해 자신과 가족의 요구를 양보함	• 개인의 이익을 극대화 하기 위한 흥정에 능함 • 적당한 열의와 평범한 수완으로 업무 수행	• 하는 일이 없음 • 제 몫을 하지 못함 • 업무 수행에는 감독이 반드시 필요
조직에 대한 자신의 느낌	• 자신을 인정 안 해줌 • 적절한 보상이 없음 • 불공정하고 문제가 있음	• 기존 질서를 따르는 것이 중요 • 리더의 의견을 거스르는 것은 어려운 일임 • 획일적인 태도 행동에 익숙함	• 규정준수를 강조 • 명령과 계획의 빈번한 변경 • 리더와 부하 간의 비 인간적 풍토	• 조직이 나의 아이디어 를 원치 않음 • 노력과 공헌을 해도 아무 소용이 없음 • 리더는 항상 자기 마음 대로 함

따라서 '정'을 제외한 나머지 인물들은 순응형의 멤버십을 지녔다고 볼 수 있으며, '정'은 실무형의 멤버십 유형으로 구분할 수 있다.

36. ①

조직체제 구성요소

㉠ **조직목표** : 조직이 달성하려는 장래의 상태로 조직이 존재하는 정당성과 합법성을 제공한다. 전체 조직의 성과, 자원, 시장, 인력개발, 혁신과 변화, 생산성에 대한 목표가 포함된다.

㉡ **조직구조** : 조직 내의 부문 사이에 형성된 관계로 조직목표를 달성하기 위한 조직구성원들의 상호작용을 보여 준다. 조직구조는 결정권의 집중정도, 명령계통, 최고경영자의 통제, 규칙과 규제의 정도에 따라 달라지며 구성원들의 업무나 권한이 분명하게 정의된 기계적 조직과 의사결정권이 하부구성원들에게 많이 위임되고 업무가 고정적이지 않은 유기적 조직으로 구분될 수 있다. 조직의 구성은 조직도를 통해 쉽게 파악할 수 있는데, 이는 구성원들의 임무, 수행하는 과업, 일하는 장소 등을 파악하는데 용이하다.

㉢ **조직문화** : 조직이 지속되게 되면서 조직구성원들 간에 공유되는 생활양식이나 가치로 조직구성원들의 사고와 행동에 영향을 미치며 일체감과 정체성을 부여하고 조직이 안정적으로 유지되게 한다. 최근 조직문화에 대한 중요성이 부각되면서 긍정적인 방향으로 조성하기 위한 경영층의 노력이 이루어지고 있다.

ⓡ 조직의 규칙과 규정 : 조직의 목표나 전략에 따라 수립되어 조직구성원들의 활동범위를 제약하고 일관성을 부여하는 기능을 하는 것으로 인사규정, 총무규정, 회계규정 등이 있다. 특히 조직이 구성원들의 행동을 관리하기 위하여 규칙이나 절차에 의존하고 있는 공식화 정도에 따라 조직의 구조가 결정되기도 한다.

37. ①

경영참가제도

목적	• 경영의 민주성을 제고할 수 있다.
	• 공동으로 문제를 해결하고 노사 간의 세력 균형을 이룰 수 있다.
	• 경영의 효율성을 제고할 수 있다.
	• 노사 간 상호 신뢰를 증진시킬 수 있다.
유형	• 경영참가 : 경영자의 권한인 의사결정과정에 근로자 또는 노동조합이 참여하는 것
	• 이윤참가 : 조직의 경영성과에 대하여 근로자에게 배분하는 것
	• 자본참가 : 근로자가 조직 재산의 소유에 참여하는 것

38. ④

제시된 글은 영업부의 업무에 해당한다.

※ **영업부** : 판매 계획, 판매예산의 편성, 시장조사, 광고 선전, 견적 및 계약, 제조지시서의 발행, 외상매출금의 청구 및 회수, 제품의 재고 조절, 거래처로부터의 불만처리, 제품의 애프터서비스, 판매원가 및 판매가격의 조사 검토

39. ②

조직구조의 유형

기계적 조직	유기적 조직
• 구성원들의 업무가 분명하게 규정	• 비공식적인 상호의사소통
• 엄격한 상하 간 위계질서	• 급변하는 환경에 적합한 조직
• 다수의 규칙과 규정 존재	

40. ④

경조사비는 접대비에 해당하므로 접대비지출품의서나 지출결의서를 작성하고, 30만 원을 초과하였으므로 결재권자는 대표이사에게 있다. 또한 누구에게도 전결되지 않았다.

41. ④

거래처 식대이므로 접대비지출품의서나 지출결의서를 작성하고, 30만 원 이하이므로 최종 결재는 본부장이 한다. 본부장이 최종 결재를 하고 본부장 란에는 전결을 표시한다.

42. ④

조직변화의 과정 … 환경변화 인지 → 조직변화 방향 수립 → 조직변화 실행 → 변화결과 평가

43. ③

㉠ 상석(上席)을 정함에 있어 나이는 많은데 직위가 낮으면 나이가 직위를 우선한다.
 → 이 경우, 나이보다 직위가 높은 사람이 상석에 앉게 된다.
㉣ 장갑, 부채와 같은 소형 휴대품은 테이블 위에 두어도 된다.
 → 핸드백이나 기타 휴대품은 식탁 위에 올려놓는 것은 금물이다. 핸드백은 의자의 등받이와 자신의 등 사이에 놓는 것이 원칙이다. 장갑, 부채와 같은 소형 휴대품은 어떤 경우에도 테이블 위에 두어서는 안 되며, 귀중품이 들어 있지 않은 비교적 큰 핸드백 종류는 바닥에 내려놓아도 된다.
㉆ 메뉴판을 이해하기 어려울 때 웨이터에게 물어보는 것은 금기이며, 그날의 스페셜 요리를 주문하는 것이 좋다.
 → 메뉴판을 이해하기 어려울 때는 웨이터에게 물어보거나, 그날의 스페셜 요리를 주문하는 것이 좋다.

44. ②

전문 의식이란 전문적인 기술과 지식을 갖기 위해 노력하는 자세이고, 연대 의식이란 직업에 종사하는 구성원이 상호 간에 믿음으로 서로 의존하는 의식이다.

45. ②

직업윤리
㉠ **소명의식** : 자신이 맡은 일은 하늘에 의해 맡겨진 일이라고 생각하는 태도
㉡ **천직의식** : 자신의 일이 자신의 능력에 맞는다 여기고 열성을 가지고 성실히 임하는 태도
㉢ **직분의식** : 자신이 하고 있는 일이 사회나 기업을 위해 중요한 역할을 하고 있다고 믿는 태도
㉣ **책임의식** : 직업에 대한 사회적 역할과 책무를 충실히 수행하고 책임을 다하는 태도
㉤ **전문가의식** : 자신의 일이 누구나 할 수 있는 것이 아니라 해당 분야의 지식을 바탕으로 가능한 것이라 믿는 태도
㉥ **봉사의식** : 직업 활동을 통해 다른 사람과 공동체에 대해 봉사하는 정신을 갖춘 태도

46. ④

근면과 게으름은 타고난 성품이라기보다 생활 속에 굳혀진 습관이다.

47. ④

아직까지 우리 사회에서 거짓말하는 사람이 이 땅에 발을 못 붙일 정도로 가혹하게 처벌받지 않는다.

48. ①

힘들고, 더럽고, 위험한 일을 기피하는 현상을 3D 기피현상이라 한다.

49. ④

② 취미활동, 아르바이트, 강제노동 등은 직업에 포함되지 않는다.

50. ④

성예절을 지키기 위한 자세 : 직장에서 여성의 특징을 살린 한정된 업무를 담당하던 과거와는 달리 여성과 남성이 대등한 동반자 관계로 동등한 역할과 능력발휘를 한다는 인식을 가질 필요가 있다.
㉠ 직장 내에서 여성이 남성과 동등한 지위를 보장받기 위해서 그만한 책임과 역할을 다해야 하며, 조직은 그에 상응하는 여건을 조성해야 한다.
㉡ 성희롱 문제를 사전에 예방하고 효과적으로 처리하는 방안이 필요한 것이다.
㉢ 남성 위주의 가부장적 문화와 성역할에 대한 과거의 잘못된 인식을 타파하고 남녀공존의 직장문화를 정착하는 노력이 필요하다.

1	③	2	①	3	②	4	①	5	④	6	③	7	④	8	③	9	③	10	④
11	④	12	③	13	④	14	②	15	②	16	③	17	④	18	②	19	①	20	②
21	③	22	④	23	④	24	④	25	③	26	④	27	①	28	①	29	②	30	②
31	④	32	④	33	②	34	④	35	②	36	③	37	④	38	④	39	③	40	②
41	⑤	42	②	43	②	44	④	45	③	46	③	47	①	48	④	49	②	50	①

1. ③

주어진 대화는 소비자센터의 상담원과 반품문의를 물어보는 고객과의 일대일 면담으로 정보전달적 공식적 의사소통이다.

2. ①

상담원은 반품 문제에 대한 해결방안을 요구하는 고객에게 정확한 정보를 제공하여 전달하고 있다.

3. ②

다른 내용들은 주어진 행사 보고서를 통해 확인할 수 없다. 하지만 행사를 진행했을 때 얻을 수 있는 기대효과는 '이 운동을 알리고, 기후변화에 대한 인식을 확산하며 탄소 배출량을 감축시키기 위해'라고 본문에 제시되어 있다.

4. ①

정부의 재정 적자를 해소하는 방법은 윗글에 제시되어 있지 않다.
② 확장적 정책은 경기가 좋지 않을 때, 긴축적 정책은 경기 과열이 우려될 때라고 설명하고 있다.
③ 투기적 화폐 수요가 늘어나면 투자 수요가 거의 증가하지 않음을 알 수 있다.
④ 정부 지출이 증가하면 국민 소득이 증가함을 알 수 있다.
⑤ 정부는 재정정책을, 중앙은행은 통화정책을 활용함을 알 수 있나.

5. ④

㉠ 정부의 재정 지출이 지출의 몇 배나 되는 소득의 증가로 이어지면서 소비와 투자가 촉진되는 것을 의미한다고 하였으므로, 투자 수요가 줄어들 것이라는 주장의 근거가 된다는 설명은 적절하지 않다.

㉡ 정부가 재정정책을 펼치기 위해 국채를 발행하여 시중의 돈이 줄어드는 상황에서 나타나는 것임을 알 수 있다.

6. ③

① 減少(감소) : 양이나 수치가 줆
② 納品(납품) : 계약한 곳에 주문받은 물품을 가져다 줌
④ 支出(지출) : 어떤 목적을 위하여 돈을 지급하는 일
⑤ 決定(결정) : 행동이나 태도를 분명하게 정함

7. ④

① 잦은 업체 변경은 오히려 신뢰관계를 무너뜨릴 수 있으니 장기거래와 신규거래의 이점을 비교 · 분석해서 유리하게 활용하는 것이 필요하다.
② 단순한 주위의 추천보다는 서비스와 가격, 품질을 적절히 비교해서 업체를 선정해야 한다.
③ 한 번 선정된 업체라 하더라도 지속적으로 교차점검을 하여 거래의 유리한 조건으로 활용해야 한다.
⑤ 무리한 가격 인하를 요구하는 것은 바람직하지 않다.

8. ③

ⓑ 원할한 → 원활한
ⓒ 공고이 → 공고히

9. ③

ⓐ와 ⓑ는 반의어 관계이다. 따라서 정답은 ③이다.

10. ④

월 사용시간을 x라 하면

$4,300+900x \geq 20,000 \Rightarrow 900x \geq 15,700 \Rightarrow x \geq 17.444\cdots$

따라서 매월 최소 18시간 이상 사용할 때 B회사를 선택하는 것이 유리하다.

11. ④

④ $\dfrac{392,222}{1,288,847} \times 100 = 30.43(\%)$, 따라서 30%를 초과한다.

12. ③

연속한 세 자연수를 $x-1$, x, $x+1$이라고 할 때, $2x-2+x+x+1=51$이므로 $x=13$이다.

따라서 연속하는 세 숫자 중 가장 큰 숫자는 $13+1=14$이다.

13. ④

$5,000 \times 0.36 = 1,800$(명)

14. ②

김포공항의 30대 이상 승객 : 33%+24%+14%=71%이므로 $3,000 \times 0.71 = 2,130$(명)

김해공항의 30대 이상 승객 : 42%+30%+17%=89%이므로 $1,000 \times 0.89 = 890$(명)

$\therefore$ $2,130 \div 890 \fallingdotseq 2.4$(배)

15. ②

여자 십만 명 당 사망자 수가 가장 많은 곳은 470.2인 부산이다.

남자 십만 명 당 사망자 수가 많은 지역은 부산＞대전＞대구＞서울＞광주 순이다.

여자 십만 명 당 사망자 수가 많은 지역은 부산＞대전＞대구＞광주＞서울 순이다.

16. ③

- 남자의 수 $= x$, $x : 100,000 = 20,955 : 424.1$

  $424.1x = 20,955 \times 100,000$이고, $x = \dfrac{2,095,500,000}{424.1} ≒ 4,940,000$이다.

- 여자의 수 $= y$, $y : 100,000 = 16,941 : 330.2$

  $330.2y = 16,941 \times 100,000$이고, $y = \dfrac{1,694,100,000}{330.2} = 5,130,000$이다.

따라서 $4,941,000 + 5,130,000 = 10,070,000$(명)이다.

17. ④

여성의 비율은 $\dfrac{\text{여성}}{\text{남성}}$이므로 1등실이 가장 높고 2등실, 3등실 그리고 승무원의 순으로 낮아진다.

18. ②

- 우선 H사의 차량을 2년 사용 했을 때의 경비를 구해 보면 다음과 같다.

  $40,000 \div 13 \times 800 =$ 약 246(만 원)

  구매가격 2,000만 원

  총 2,246만 원

- 이에 따라 F사의 경비를 구하는 공식에서 2,246만 원이 되는 시점의 주행 거리를 알아보면 정답을 구할 수 있다. 차량 구매 가격이 2,100만 원이므로 주행 거리가 x일 때, $x \div 10 \times 1,500$이 146만 원이 되는 값을 구하면 된다. 계산해 보면 $x =$ 약 9,733km가 되므로 1년에 20,000km를 주행할 경우 1개월에 약 1,667km이므로 $9,733 \div 1,667 =$ 약 5.8(개월)이 된다.

따라서 F사 차량을 5개월 째 이용하는 시점이 정답이 된다.

19. ①

㉠ 1번째 종목과 2번째 종목의 승점이 각각 10점, 20점이라면 8번째 종목까지의 승점은 다음과 같다.

종목	1	2	3	4	5	6	7	8
승점	10	20	40	80	160	320	640	1,280

㉡ 1번째 종목과 2번째 종목의 승점이 각각 100점, 200점이라면 8번째 종목의 승점은 다음과 같다.

종목	1	2	3	4	5	6	7	8
승점	100	200	310	620	1,240	2,480	4,960	9,920

㉢ ㉠㉡을 참고하면 1번째 종목과 2번째 종목의 승점에 상관없이 8번째 종목의 승점은 6번째 종목 승점의 네 배이다.

㉣ 만약 3번째 종목부터 각 종목 우승 시 받는 승점이 그 이전 종목들의 승점을 모두 합한 점수보다 10점 더 적도록 구성한다면, 8번째 종목까지의 승점은 다음과 같다.

종목	1	2	3	4	5	6	7	8
승점	10	20	20	40	80	160	320	640

종목	1	2	3	4	5	6	7	8
승점	100	200	290	580	1,160	2,320	4,640	9,280

20. ②

㉠과 ㉢, ㉣에 의해 E > B > A > C이다.
㉡에서 D는 C보다 나이가 적으므로 E > B > A > C > D이다.

21. ③

- D가 치과의사라면 ㉣에 의해 C는 치과의사가 되지만 그렇게 될 경우 C와 D 둘 다 치과의사가 되기 때문에 모순이 된다. 이를 통해 D는 치과의사가 아님을 알 수 있다.
- ㉡과 ㉤때문에 B는 승무원, 영화배우가 될 수 없다.
- ㉥을 통해서는 B가 국회의원이 아니라 치과의사라는 사실을 알 수 있다.
- ㉣에 의해 C는 치과의사가 아니므로 D는 국회의원이라는 결론을 내릴 수 있다.
- 또한 ㉢에 의해 C는 영화배우가 아님을 알 수 있다.
- C는 치과의사도, 국회의원도, 영화배우도 아니므로 승무원이란 사실을 추론할 수 있다.
- 나머지 A는 영화배우가 될 수밖에 없다.

22. ④

63,000원의 25%인 15,750원을 납부하면 나머지 75%인 47,250원을 지원해 주는 제도이다.

① 국민연금 제도의 가입은 별도로 확인 처리해야 한다고 언급되어 있다.

② 18세 이상 60세 미만의 구직급여 수급자로 제한되어 있다.

③ 종합소득(사업·근로소득 제외)이 1,680만 원을 초과하는 자는 지원 제외 대상이다.

⑤ 300 + 80 + 60 = 440(만 원)이므로 평균소득이 약 147만 원이며, 이의 50%는 70만 원을 넘게 되므로 인정소득 한도를 넘게 된다.

23. ④

㉠ 선박의 경우 A국 전체 수출액에서 차지하는 비중은 5.0 → 4.0 → 3.0 으로 매년 줄어들지만, 세계수출시장에서 A국의 점유율은 매번 1.0으로 동일하다. 이는 세계수출시장 규모가 A국 선박비중의 감소율만큼 매년 감소한다는 것을 나타낸다.

㉡ 백색가전의 세부 품목별 수출액 비중에서 드럼세탁기의 비중은 매년 18.0으로 동일하나, 전체 수출액에서 차지하는 백색가전의 비중은 13.0 → 12.0 → 11.0로 점점 감소한다.

㉢ 점유율이 전년대비 매년 증가하지 않고 변화가 없거나 감소하는 품목도 있다.

㉣ A국의 전체 수출액을 100으로 보면 항공기의 경우 2021년에는 3이다. 3이 세계수출시장에서 차지하는 비중은 0.1%이므로 A국 항공기 수출액의 1,000배라 볼 수 있다. 항공기 세계수출시장의 규모는 3×1,000 = 3,000이므로 A국 전체 수출액의 30배가 된다.

24. ④

문제 지문과 조건으로 보아 가, 다의 자리는 정해져 있다.

가	다			

나는 라와 마 사이에 있으므로 다음과 같이 두 가지 경우가 있을 수 있다.

라	나	마

마	나	라

따라서 가가 맨 왼쪽에 서 있을 때, 나는 네 번째에 서 있게 된다.

25. ③

B가 성능이 떨어지는 제품이므로, 다음과 같은 네 가지 경우가 가능하다.

㉠ A > B ≥ C

㉡ A > C ≥ B

㉢ C > A ≥ B

㉣ C > B ≥ A

성능이 가장 좋은 제품은 성능이 떨어지는 두 종류의 제품 가격의 합보다 높으므로, 가격이 같을 수가 없지만, 성능이 떨어지는 두 종류의 제품 가격은 서로 같을 수 있다.

① ㉣의 경우 가능하다.
② ㉢의 경우 가능하다.
④ ㉢, ㉣의 경우 가능하다.
⑤ ㉠, ㉡의 경우 가능하다.

26. ④

날짜를 따져 보아야 하는 유형의 문제는 아래와 같이 달력을 그려서 살펴보면 어렵지 않게 정답을 구할 수 있다.

일	월	화	수	목	금	토
	1	2	3	4	5	6
7	8	9	10	11	12	13
14	15	16	17	18	19	20
21	22	23	24	25	26	27
28	29	30	31			

㉠ 1일이 월요일이므로 정 대리는 위와 같은 달력에 해당하는 기간 중에 출장을 가려고 한다.

㉡ 3박 4일 일정 중 출발과 도착일 모두 휴일이 아니어야 한다면 월~목요일, 화~금요일, 금~월요일 세 가지의 경우의 수가 생기는데, 현지에서 복귀하는 비행편이 화요일과 목요일이므로 월~목요일의 일정을 선택해야 한다.

㉢ 회의가 셋째 주 화요일이라면 16일이므로 그 이후 가능한 월~목요일은 두 번이 있으나, 마지막 주의 경우 도착일이 다음 달로 넘어가게 되므로 조건에 부합되지 않는다.

㉣ 따라서 출장 출발일로 적절한 날은 22일이며 일정은 22~25일이 된다.

27. ①

甲~戊가 먹은 사탕을 정리하면 다음과 같다.

구분	甲	乙	丙	丁	戊
맛	사과 + 딸기	사과	포도 or 딸기	포도 or 딸기	포도
개수	2개	1개	1개	1개	1개

28. ①

높은 성과를 내는 임파워먼트 환경의 특징
• 도전적이고 흥미 있는 일
• 학습과 성장의 기회
• 높은 성과와 지속적인 개선을 가져오는 요인들에 대한 통제
• 성과에 대한 지식
• 긍정적인 인간관계
• 개인들이 공헌하며 만족한다는 느낌
• 상부로부터의 지원

29. ②

② 순응형 멤버십에 대한 설명이다.

30. ②

효과적인 팀은 결국 결과로 이야기할 수 있어야 한다. 필요할 때 필요한 것을 만들어 내는 능력은 효과적인 팀의 진정한 기준이 되며, 효과적인 팀은 개별 팀원의 노력을 단순히 합친 것 이상의 결과를 성취하는 능력을 가지고 있다. 이러한 팀의 구성원들은 지속적으로 시간, 비용 및 품질 기준을 충족시켜 준다. 결과를 통한 '최적의 생산성'은 바로 팀원 모두가 공유하는 목표이다.
선택지에 주어진 것 이외에도 효과적인 팀의 특징으로는 '팀의 사명과 목표를 명확하게 기술한다.', '창조적으로 운영된다.', '리더십 역량을 공유하며 구성원 상호 간에 지원을 아끼지 않는다.', '팀 풍토를 발전시킨다.' 등이 있다.

31. ④

㈎는 첫 번째 경청의 단계에 해당하는 말이다. 정보파악 단계에서는 문제해결을 위해 꼭 필요한 질문만 하여 정보를 얻고, 최선의 해결방법을 찾기 어려우면 고객에게 어떻게 해주면 만족스러운지를 묻는 일이 이루어지게 된다.

32. ④

본인이 알고 있는 일은 처리하면 되는 것이고 모르는 것이 있다면 알고 있는 직원에게 물어본 후 처리하는 것이 가장 바람직하다. ④의 경우 다른 직원에게 확인한 후 일을 처리하는 것이므로 올바른 행동이다.
⑤의 지문은 실제 업무 상황에서 본인이 맡은 일을 다른 직원에게 임의로 넘기는 행위이므로 잘못된 것이다.

33. ②

② 자아인식능력은 자기개발능력을 구성하는 하위능력 중에 하나이다.

※ 대인관계능력을 구성하는 하위능력
- ㉠ 팀워크능력
- ㉡ 리더십능력
- ㉢ 갈등관리능력
- ㉣ 협상능력
- ㉤ 고객서비스능력

34. ④

동기부여 방법
- ㉠ 긍정적 강화법을 활용한다.
- ㉡ 새로운 도전의 기회를 부여한다.
- ㉢ 창의적인 문제해결법을 찾는다.
- ㉣ 책임감으로 철저히 무장한다.
- ㉤ 몇 가지 코칭을 한다.
- ㉥ 변화를 두려워하지 않는다.
- ㉦ 지속적으로 교육한다.

35. ②

양질의 의사결정을 내리기 위해 단편적인 질문이 아니라 여러 질문을 고려해야 한다.

36. ③

전략목표설정	환경분석	경영전략 도출	경영전략 실행	평가 및 피드백
• 비전 설정 • 미션 설정	• 내부환경 분석 • 외부환경 분석 (SWOT 등)	• 조직전략 • 사업전략 • 부문전략	• 경영목적 달성	• 경영전략 결과 평가 • 전략목표 및 경영전략 재조명

37. ④

조직목표의 기능

- 조직이 존재하는 정당성과 합법성 제공
- 조직이 나아갈 방향 제시
- 조직구성원 의사결정의 기준
- 조직구성원 행동수행의 동기유발
- 수행평가 기준
- 조직설계의 기준

38. ④

총무부는 주주총회 및 이사회개최 관련 업무, 의전 및 비서업무, 법률자문과 소송관리의 업무를 하며, 영업부가 외상매출금의 청구 및 회수, 판매예산의 편성, 견적 및 계약의 업무를 다룬다.

39. ③

① 서비스팀은 주문폭주 일주일 동안 포장된 제품을 전격 회수와 제품을 구매한 고객에 사과문 발송 및 100% 환불 보상을 공지한다.
② 주문량이 증가한 날짜는 회의록만으로 알 수 없다.
④ 서비스팀에서 제품을 전격 회수하고, 개발팀에서 유해성분을 조사하기로 했다.
⑤ 염료를 사용하지 않는 포장재 개발은 회의에서 알 수 없는 내용이다.

40. ②

㉠ 사장 직속으로는 3개 본부, 12개 처, 3개 실로 구성되어 있다.
㉡ 해외부사장은 2개의 본부를 이끌고 있다.
㉣ 노무처는 관리본부에, 재무처는 기획본부에 소속되어 있다.

41. ⑤

오 대리가 들러야 하는 조직과 업무 내용은 다음과 같이 정리할 수 있다.

보고 서류 전달 – 비서실

계약서 검토 확인 – 법무팀

배차 현황 확인 – 총무팀

통관 작업 확인 – 물류팀

42. ②

하급자를 상급자에게 먼저 소개해 주는 것이 일반적이며, 비임원을 임원에게 먼저 소개하여야 한다. 또한 정부 고관의 직급명은 퇴직한 경우라도 사용하는 것이 관례이다.

43. ②

② 이란에서 노란색 꽃은 적대감을 표시한다.

44. ④

명함에 부가 정보를 기입하는 것은 상대방과의 만남이 끝난 후에 하는 것이 적절하다.

45. ③

악수 예절

• 악수를 하는 동안에는 상대에게 집중하는 의미로 반드시 눈을 맞추고 미소를 짓는다.

• 악수를 할 때는 오른손을 사용하고, 너무 강하게 쥐어짜듯이 잡지 않는다.

• 악수는 힘 있게 해야 하지만 상대의 뼈를 부수듯이 손을 잡지 말아야 한다.

• 악수는 서로의 이름을 말하고 간단한 인사 몇 마디를 주고받는 정도의 시간 안에 끝내야 한다.

46. ③

③ 타협하거나 부정직을 눈감아 주는 것은 하지 말아야 한다.

47. ①

직업윤리의 덕목

㉠ **소명의식** : 자신이 맡은 일을 하늘에 의해 맡겨진 일이라고 생각하는 태도

㉡ **천직의식** : 자신의 일이 자신의 능력에 맞는다 여기고 열성을 가지고 성실히 임하는 태도

㉢ **직분의식** : 자신이 하고 있는 일이 사회나 기업을 위해 중요한 역할을 하고 있다고 믿는 태도

㉣ **책임의식** : 직업에 대한 사회적 역할과 책무를 충실히 수행하고 책임을 다하는 태도

㉤ **전문가의식** : 자신의 일이 누구나 할 수 있는 것이 아니라 해당분야의 지식을 바탕으로 가능한 것이라 믿는 태도

㉥ **봉사의식** : 직업 활동을 통해 다른 사람과 공동체에 대해 봉사하는 정신을 갖춘 태도

48. ④

①⑤ 근면에 대한 내용이다.

② 책임감에 대한 내용이다.

③ 경청에 대한 내용이다.

49. ②

일반적으로 직업윤리가 개인윤리에 포함되지만 가끔 충돌하기도 한다.

50. ①

㈎ 개인의 소질, 능력, 성취도를 최우선으로 하여 직업을 선택하는 업적주의적 직업관이다.

㈏ 개인의 욕구 충족을 중요시하는 개인중심적 직업관이다.

1	①	2	③	3	①	4	④	5	②	6	①	7	②	8	①	9	④	10	④
11	②	12	③	13	③	14	④	15	①	16	③	17	③	18	⑤	19	⑤	20	①
21	②	22	③	23	③	24	②	25	③	26	③	27	③	28	⑤	29	④	30	①
31	⑤	32	①	33	④	34	②	35	④	36	⑤	37	④	38	⑤	39	②	40	③
41	④	42	②	43	③	44	④	45	⑤	46	③	47	②	48	④	49	①	50	②

1. ①

① 무뚝뚝한 반응은 오히려 원만한 의사소통을 방해하는 요소가 된다.

※ 바람직한 의사소통의 요소

ㄱ 적절한 반응

ㄴ 시선공유(eye contact)

ㄷ 공감하기

ㄹ 경청하기

ㅁ (대화)순서 지키기

2. ③

시선공유도 바람직한 의사소통을 위한 중요한 요소이지만 위 글에 나오는 형식이의 노력에서는 찾아볼 수 없다.

3. ①

1월 10일 월요일 (서울에서 뉴욕) 오전 9:00 JFK 공항행 OZ902편으로 인천 공항에서 출발 오전 9:25 JFK 공항 도착 오후 1:00 Garden Grill에서 ACF Corporation 사장 Roger Harpers와 미팅 오후 7:00 Stewart's Restaurant에서 American Business System 고문 Joyce Pitt와 저녁식사 미팅 1월 11일 화요일 (뉴욕) 오전 9:30 City Conference Center에서 열리는 National Office Systems Conference에서 프레젠테이션 "사 　　　　무환경-네트워킹" 오후 12:00 Oakdale City Club에서 Wilson Automation, Inc. 부사장 Raymond Bernard와 오찬

4. ④

④ 봉수제도는 조선 초기에 여러 제도를 참고하여 그 면모를 새롭게 하였지만 시간이 지날수록 점점 유명무실하게 되었고 결국 임진왜란이 일어나자 이에 대한 대비책으로 파발제가 등장하게 되었다.

5. ②

오늘날 데프콘 4는 조선시대 봉수의 5거제 중 2거에 가장 가깝다고 볼 수 있다. 참고로 우리나라는 1953년 정전 이래 데프콘 4가 상시 발령되어 있다.

6. ①

② 남의 돈이나 재물을 맡음

③ 봉황의 머리

④ 바둑이나 장기에서 대국이 하루 만에 끝나지 아니할 경우 그 날의 마지막 수를 종이에 써서 봉하여 놓음. 또는 그 마지막 수

⑤ 산봉우리

7. ②

문맥으로 보아 '방조'는 '협조'로 바꿔야 한다. 따라서 정답은 ②이다.

8. ①

공통으로 들어갈 단어의 기본형은 '어긋나다'이다. ㉠에서는 '서로 마음에 간극이 생기다', ㉡은 '오고가는 길이 서로 달라 만나지 못하다', ㉢은 '약속, 기대 따위에 틀리거나 어그러지다'라는 의미로 쓰였다.

9. ④

마지막 문장에서 '일은 ~ 물질적으로는 물론 정신적으로도 풍요한 생활을 위한 도구'라고 언급하고 있다. 따라서 물질적인 것보다 정신적 풍요를 위한 도구라고 볼 수는 없다.

10. ④

40cm의 양초가 1분에 $x$cm씩 짧아진다고 하면,

$30-(0.2 \times 25)=40-25x$

$\therefore x = 0.6\,(\text{cm})$

11. ②

실험결과에 따르면 민주가 여자를 여자로 본 사람이 49명 중에 34명, 남자를 남자로 본 사람이 51명 중에 35명이므로 100명중에 69명의 성별을 정확히 구분했다.

$\therefore \dfrac{34+35}{100} \times 100 = 69\,(\%)$

12. ③

현재까지의 판매 이익은 다음과 같다.

- 아메리카노 : $(3,000-200)\times 5 = 14,000$
- 카페라떼 : $(3,500-500)\times 3 = 9,000$
- 바닐라라떼 : $(4,000-600)\times 3 = 10,200$
- 카페모카 : $(4,000-650)\times 2 = 6,700$
- 카라멜마끼아또 : $(4,300-850)\times 6 = 20,700$

현재까지 60,600원의 판매 이익을 얻었으므로, 3,400원이 더 필요하다. 따라서 바닐라라떼 한 잔을 더 팔면 이익을 채울 수 있다.

13. ③

제품 케이스의 경우 2kg 이하이므로 서울은 4,000원, 지방은 5,000원, 서울만 12곳이라고 하면 48,000원이므로 성립 안 된다.

총 비용이 46,000원 들었으므로 서울만 본다면 최대 11곳인 44,000원이 성립되나 2,000원이 부족하게 되므로 서울 9곳, 지방 2곳으로 하면 36,000원, 10,000원이 되면 46,000원이 성립된다.

그러나 서울에 5개 보내는 비용과 지방에 4개 보내는 비용이 동일하므로 서울 4곳(16,000원), 지방 6곳(30,000원)이라는 경우도 성립한다.

전자 제품의 경우를 위의 두 경우에 대입하면

서울 4곳(20,000원), 지방 6곳(36,000원)으로 총 56,000원이 성립된다.

서울 9곳(45,000원), 지방 2곳(12,000원)으로 총 57,000원으로 성립되지 않는다.

그러므로 총 10곳이 된다.

14. ④

방화와 뺑소니의 발생빈도 합계가 10,000건 이상인 해는 2018년, 2019년, 2020년, 2021년이다.
$10,565+10,775+11,501+11,444=44,285$

15. ①

② 뺑소니범죄는 2019년에 한 번 감소했다.

③ 뺑소니범의 연령대는 알 수 없다.

④ 방화범죄가 일어나는 시간대는 알 수 없다.

⑤ 2013년, 2014년 뺑소니 발생현황은 알 수 없다.

16. ③

2022년 영향률 : $\dfrac{2,565}{17,734} \times 100 ≒ 14.5(\%)$

17. ③

2021년 수혜 근로자수 : $0.147 \times 17,510 ≒ 2,574$ (=약 257만 4천 명)

18. ⑤

⑤ 적용대상 근로자 수는 꾸준히 증가한 것에 비해 수혜 근로자 수는 증가하기도, 감소하기도 하였다. 따라서 비례한다고 할 수는 없다.

④ 2022년 시간급 최저임금은 9,160원이고 전년대비 인상률은 5.1%이므로 2023년의 전년대비 인상률이 2022년과 같을 경우 시간급 최저임금은 $\dfrac{105.1}{100} \times 9,160 = 9,627.16$ (=약 9,630원)이 된다.

19. ⑤

주어진 조건을 보면 관리과와 재무과에는 반드시 각각 5급이 1명씩 배정되고, 총무과에는 6급 2명이 배정된다. 인원수를 따져보면 홍보과에는 5급을 배정할 수 없기 때문에 6급이 2명 배정된다. 6급 4명 중에 C와 D는 총무과에 배정되므로 홍보과에 배정되는 사람은 E와 F이다. 각 과별로 배정되는 사람을 정리하면 다음과 같다.

관리과	A
홍보과	E, F
재무과	B
총무과	C, D

20. ①

- 민경이와 린이만 여자이고 김 씨와 강 씨는 여자이다.
- 또 석진이는 박 씨 또는 이 씨 인데, 두 번째 문장에 의해 석진이 성은 박 씨이다. 따라서 찬수의 성은 이 씨이고, 찬수는 꼴찌가 아니다.
- 석진이는 찬수보다 빠르고 민경이보다 늦었다고 했으므로 1등이 민경이, 2등이 석진이, 3등이 찬수이다.

따라서 1등을 한 민경이의 성이 김 씨이고 린이는 강 씨이다.

21. ②

각각 경우의 표를 만들면

	언어	수리	외국어	사회탐구
A	○	○		
B		○	○	
C		○		○
D		○	○	
계	3	4	3	2

- 이 중 A가 외국어 문제를 풀었다면 B 또는 D가 사회탐구 문제를 풀었으므로 C는 반드시 언어영역 문제를 풀어야 한다.
- 만약 A가 사회탐구 문제를 풀었다면 B와 D는 사회탐구 문제를 풀 수 없으므로 반드시 언어영역 문제를 풀어야 하고 C는 외국어영역 문제를 풀어야 한다.

22. ③

조건대로 고정된 순서를 정리하면 다음과 같다.
- B 차장→A 부장
- C 과장 → D 대리
- E 대리→?→?→C 과장

따라서 E 대리→?→?→C 과장→D 대리의 순서가 성립되며, 이 상태에서 경우의 수를 따져보면 다음과 같다.

㉠ B 차장이 첫 번째인 경우라면, 세 번째와 네 번째는 A 부장과 F 사원(또는 F 사원과 A 부장)이 된다.

㉡ B 차장이 세 번째인 경우는 E 대리의 바로 다음인 경우와 C 과장의 바로 앞인 두 가지의 경우가 있을 수 있다.
  - E 대리의 바로 다음인 경우 : A 부장 – E 대리 – B 차장 – F 사원 – C 과장 – D 대리의 순이 된다.
  - C 과장의 바로 앞인 경우 : E 대리 – F 사원 – B 차장 – C 과장 – D 대리 – A 부장의 순이 된다.

따라서 위에서 정리된 바와 같이 가능한 세 가지의 경우에서 두 번째로 사회봉사활동을 갈 수 있는 사람은 E 대리와 F 사원 밖에 없다.

23. ③

새로 만든 병을 이용하여 기존의 있던 갑을 팔려면 병은 모든 면에서 갑보다 좋아서는 안 된다. 따라서 가격 면에서 C는 A보다 비싸야 하고 기능 면에서 F는 E보다 기능이 나빠야 한다. 그리고 디자인 면에서 I는 G보다 디자인이 나빠야 한다. 또한 L은 K보다 서비스 기간이 짧아야 한다.

24. ②

조건에 따라 4명을 원탁에 앉히면 시계방향으로 경수, 인영, 민수, 영희의 순이 되므로 경수의 오른쪽과 왼쪽에 앉은 사람은 영희 – 인영이 된다.

25. ③

바꿔드림론은 신용 상태가 좋지 않은 채무자를 대상으로 하기 때문에 신용 등급이 6~10등급 이내이어야 한다.
① 법정 최고 이자는 20%를 넘어가므로 금융채무 총액이 3천만 원을 초과하지 않는 지원 대상이 된다.
② 부양가족이 3명이며 급여소득이 4.5천만 원 이하이므로 지원 대상이 된다.
④ 신용대출금에 대한 연 18%는 고금리 채무이자며 6개월 이상 상환 중이므로 지원 대상이 된다.
⑤ 연 급여소득 3.8천만 원이며 채무 총액이 40%를 넘지 않으므로 지원 대상이 된다.

26. ③

ⓜ에서 유진이는 화요일에 학교에 가지 않으므로 ⓒ에 의해 수요일에는 학교에 간다.
수요일에는 학교에 가므로 ⓛ에 의해 금요일에는 학교에 간다.
금요일에는 학교에 가므로 ⓡ에 의해 월요일에는 학교를 가지 않는다.
월요일에는 학교에 가지 않으므로 ⓖ에 의해 목요일에는 학교에 간다.
따라서 유진이가 학교에 가는 요일은 수, 목, 금이다.

27. ③

① 의사소통능력 ② 자기개발능력 ④ 문제해결능력 ⑤ 기술능력

28. ⑤

ⓖ a = b = c = d = 25라면, 1시간당 수송해야 하는 관객의 수는 40,000 × 0.25 = 10,000명이다. 버스는 한 번에 대당 최대 40명의 관객을 수송하고 1시간에 10번 수송 가능하므로, 1시간 동안 1대의 버스가 수송할 수 있는 관객의 수는 400명이다. 따라서 10,000명의 관객을 수송하기 위해서는 최소 25대의 버스가 필요하다.

ⓛ d = 40이라면, 공연 시작 1시간 전에 기차역에 도착하는 관객의 수는 16,000명이다. 16,000명을 1시간 동안 모두 수송하기 위해서는 최소 40대의 버스가 필요하다.

ⓒ 공연이 끝난 후 2시간 이내에 전체 관객을 공연장에서 기차역까지 수송하려면 시간당 20,000명의 관객을 수송해야 한다. 따라서 회사에게 필요한 버스는 최소 50대이다.

29. ④

동기부여 방법

㉠ 긍정적 강화법을 활용한다.

㉡ 새로운 도전의 기회를 부여한다.

㉢ 창의적인 문제해결법을 찾는다.

㉣ 책임감으로 철저히 무장한다.

㉤ 몇 가지 코칭을 한다.

㉥ 변화를 두려워하지 않는다.

㉦ 지속적으로 교육한다.

30. ①

협상과정 : 협상 시작 → 상호 이해 → 실질 이해 → 해결 대안 → 합의 문서

31. ⑤

갈등의 진행과정은 '의견 불일치 – 대결국면 – 격화 국면 – 진정 국면 – 갈등의 해소'의 단계를 거친다.

32. ①

대인관계 향상 방법

㉠ 상대방에 대한 이해심

㉡ 사소한 일에 대한 관심

㉢ 약속의 이행

㉣ 기대의 명확화

㉤ 언행일치

㉥ 진지한 사과

33. ④

㉣ 제한된 정책과 절차는 조직 차원의 장애요인으로 들어가야 하는 부분이다.

34. ②

권위 전략이란 직위나 전문성, 외모 등을 이용하면 협상 과정상의 갈등해결에 도움이 될 수 있다는 것이다. 설득 기술에 있어서 권위란 직위, 전문성, 외모 등에 의한 기술이다. 사람들은 자신보다 더 높은 직위, 더 많은 지식을 가지고 있다고 느끼는 사람으로부터 설득 당하기가 쉽다. 계장의 말씀보다 국장의 말씀에 더 권위가 있고 설득력이 높다. 비전문가보다 전문가의 말에 더 동조하게 된다. 전문성이 있는 사람이 그렇지 않은 사람보다 더 권위와 설득력이 있다.

35. ④

위 사례는 저돌적인 고객의 유형으로 자신의 방법만이 최선이라 생각하고 타인의 피드백은 받아들이려 하지 않는다. 또한 이러한 상황의 경우 직원에게 하는 것이 아닌 회사의 서비스에 대해 항의하는 것이므로 일선 직원의 경우 이를 개인적인 것으로 받아들여 논쟁을 하거나 화를 내는 일이 없어야 하며 상대의 화가 풀릴 때까지 이야기를 경청해야 한다. 또한 부드러운 분위기를 연출하며 정성스럽게 응대해 고객 스스로가 감정을 추스를 수 있도록 유도해야 한다.

36. ⑤

㈎는 환경분석 단계로 내부와 외부의 환경을 SWOT 분석을 통하여 파악해 본다.
㈏는 경영전략 도출 단계로 조직, 사업이나 부분 등의 전략을 수립한다.
㈐는 경영전략 실행 단계로 경영목적을 달성하는 단계이다.

37. ④

④ 신문의 국제면을 매일 읽는다.
※ **국제동향 파악 방법**
　　㉠ 관련 분야 해외 사이트를 방문하여 최신 이슈를 확인한다.
　　㉡ 매일 신문의 국제면을 읽는다.
　　㉢ 업무와 관련된 국제잡지를 정기 구독한다.
　　㉣ 노동부, 한국산업인력공단, 산업자원부, 중소기업청, 상공회의소, 산업별인적자원개발협의체 등의 사이트를 방문해 국제동향을 확인한다.

ⓜ 국제학술대회에 참석한다.

ⓗ 업무와 관련된 주요 용어의 외국어를 알아둔다.

ⓢ 해외 서점 사이트를 방문해 최신 서적 목록과 주요 내용을 파악한다.

ⓞ 외국인 친구를 사귀고 대화를 자주 나눈다.

38. ⑤

레드오션은 경쟁을 목표로 하고, 존재하는 소비자와 현존하는 시장에 초점(시장경쟁전략)을 맞춘 반면, 블루오션은 비 고객에게 초점(시장창조전략)을 맞추고 새로운 수요를 창출하고자 한다.

39. ②

② 영리조직은 대표적으로 사기업을 말한다.

40. ③

제시된 글은 기획부의 업무에 해당한다.

※ **부서별 업무의 종류**

ⓐ **총무부** : 주주총회 및 이사회개최 관련 업무, 의전 및 비서업무, 집기비품 및 소모품의 구입과 관리, 사무실 임차 및 관리, 차량 및 통신시설의 운영, 국내외 출장 업무 협조, 복리후생 업무, 법률자문과 소송관리, 사내외 홍보 광고업무

ⓑ **인사부** : 조직기구의 개편 및 조정, 업무분장 및 조정, 인력수급계획 및 관리, 직무 및 정원의 조정 종합, 노사관리, 평가관리, 상벌관리, 인사발령, 교육체계 수립 및 관리, 임금제도, 복리후생제도 및 지원업무, 복무관리, 퇴직관리

ⓒ **기획부** : 경영계획 및 전략 수립, 전사기획업무 종합 및 조정, 중장기 사업계획의 종합 및 조정, 경영정보조사 및 기획보고, 경영진단업무, 종합예산수립 및 실적관리, 단기사업계획 종합 및 조정, 사업계획, 손익추정, 실적관리 및 분석

ⓓ **회계부** : 회계제도의 유지 및 관리, 재무상태 및 경영실적 보고, 결산 관련 업무, 재무제표 분석 및 보고, 법인세, 부가가치세, 국세 지방세 업무자문 및 지원, 보험가입 및 보상업무, 고정자산 관련 업무

ⓔ **영업부** : 판매 계획, 판매예산의 편성, 시장조사, 광고 선전, 견적 및 계약, 제조지시서의 발행, 외상매출금의 청구 및 회수, 제품의 재고 조절, 거래처로부터의 불만처리, 제품의 애프터서비스, 판매원가 및 판매가격의 조사 검토

41. ④

④ 사업부문은 신용사업부문으로 명칭이 변경되어야 한다.

42. ②

ⓒ → 강력하고 견고한 유통망이 있을 경우, 고객을 세분화하여 제품 차별화 전략을 활용할 수 있다.

ⓔ → 차별화를 이루게 되면 경험과 노하우에 따른 더욱 특화된 제품이나 서비스가 제공되므로 신규기업 진입에 대한 효과적인 억제가 가능하게 된다.

ⓐⓒ → 차별화에는 많은 비용이 소요되므로 반드시 비용측면을 고려해야 하며 일정 부분의 경영상 제약이 생길 수 있다.

ⓜ → 지역별, 연령별, 성별 특성 등의 선호체계 구분이 뚜렷할 경우 맞춤형 전략 수립이 용이하다.

43. ③

제시문은 기업 인수와 합병 즉, M&A의 의미와 기업에게 주는 의미를 간략하게 설명하는 글이다. 기업 입장에서 M&A는 기업의 외적 성장을 위한 발전전략으로 이해된다. 따라서 M&A는 외부적인 경영자원을 활용하여 기업의 성장을 도모하는 가장 적절한 방안으로 볼 수 있는 것이다. '인수'는 상대 기업을 인수받아 인수하는 기업의 일부로 예속하게 되는 것이며, '합병'은 두 기업을 하나로 합친다는 의미를 갖는다. 두 가지 모두 기업 경영권의 변화가 있는 것으로, 제휴나 합작 등과는 다른 개념이다.

44. ④

직업별 윤리에는 노사 관계에서의 근로자 및 기업가의 윤리, 공직자의 윤리, 직종별 특성에 맞는 법률, 법령, 규칙, 윤리 요강, 선언문 등의 행위 규범이 있다.

45. ⑤

직장에서의 소개 예절

ⓐ 나이 어린 사람을 연장자에게 소개한다.

ⓑ 내가 속해 있는 회사의 관계자를 타 회사의 관계자에게 소개한다.

ⓒ 신참자를 고참자에게 소개한다.

ⓓ 동료, 임원을 고객, 손님에게 소개한다.

ⓔ 비임원을 임원에게 소개한다.

ⓕ 소개받는 사람의 별칭은 그 이름이 비즈니스에서 사용되는 것이 아니라면 사용하지 않는다.

ⓖ 반드시 성과 이름을 함께 말한다.

ⓞ 상대방이 항상 사용하는 경우라면 Dr. 또는 Ph.D. 등의 칭호를 함께 언급한다.

ⓧ 정부 고관의 직급명은 퇴직한 경우라도 항상 사용한다.

ⓩ 천천히 그리고 명확하게 말한다.

ⓚ 각각의 관심사와 최근의 성과에 대하여 간단한 언급을 한다.

46. ③

직업의 속성 ⋯ 계속성, 경제성, 윤리성, 사회성, 자발성

47. ②

상품에 대해 정확하게 진실한 정보를 주는 것이 당장의 판매 이익보다 장기적으로 제품의 신뢰를 얻는데 더 유리하다.

48. ④

건배 시에 잔을 부딪칠 때에는 상위자의 술잔보다 높게 들지 않아야 한다. 다시 말해, 회식자리에서도 상하구분이 존재하므로 상위자(상사)보다는 잔을 높이 들면 안 되며, 더불어서 상위자(상사)보다 먼저 술잔을 내려놓지 않는다.

49. ①

명함교환 예절

㉠ 명함은 반드시 명함 지갑에 보관하며, 그 수는 넉넉하게 소지하는 편이 좋다.

㉡ 명함을 건넬 때는 회사명과 이름을 밝히도록 하고, 왼손으로 받치면서 오른손으로 건네며, 본인의 이름이 상대방을 향하도록 한다.

㉢ 명함을 받았을 경우, 바로 집어넣기 보다는 테이블 또는 지갑 위에 올려둔 뒤 대화 도중에 참고하는 것도 좋다.

㉣ 손아랫사람이 손윗사람에게 먼저, 상사와 함께라면 상사가 먼저 명함을 건네도록 한다.

50. ②

① 자신이 맡은 일은 하늘에 의해 맡겨진 일이라고 생각하는 태도

③ 자신이 하고 있는 일이 사회나 기업을 위해 중요한 역할을 하고 있다고 믿고 자신의 활동을 수행하는 태도

④ 직업에 대한 사회적 역할과 책무를 충실히 수행하고 책임을 다하는 태도

⑤ 직업 활동을 통해 다른 사람과 공동체에 대하여 봉사하는 정신을 갖추고 실천하는 태도

1	④	2	④	3	④	4	③	5	③	6	②	7	⑤	8	③	9	⑤	10	④
11	③	12	③	13	⑤	14	①	15	②	16	①	17	②	18	①	19	③	20	②
21	⑤	22	①	23	①	24	④	25	②	26	⑤	27	⑤	28	⑤	29	①	30	①
31	②	32	④	33	①	34	①	35	③	36	⑤	37	③	38	②	39	②	40	②
41	②	42	④	43	②	44	④	45	①	46	⑤	47	④	48	⑤	49	②	50	④

1. ④

김 씨는 연단에서 발표를 할 때 말하기 불안 증세를 보이고 있다. 이를 극복하기 위해서는 완벽한 준비, 상황에 익숙해지기, 청자 분석 등이 필요하다. 다른 내용과 달리 해당 글에서 신체 비언어적 표현에 관해 언급하는 내용은 확인할 수 없다. 따라서 '몸동작이 부자연스럽다'는 것은 알 수 없다. 또한 발표 시에 목소리가 '작아진다'고 하였으므로 '목소리 톤이 좋다'는 내용도 적절하지 않다.

2. ④

㉠㉡㉢㉣은 새로운 자연과학 이론을 받아들이는 것이고, ㉣은 새로운 이론을 받아들이기를 바라는 마음이다.

3. ④

④ 의학이 발달하여 미친개에게 물리고 난 뒤에도 예방접종을 실시하면 대개는 공수병을 예방할 수 있지만 그렇다고 병이 완전히 사라진 것은 아니다.

4. ③

③ 공수병은 심한 갈증에 빠지지만 물 마시는 것을 피할 수밖에 없다는 뜻에서 유래했으므로 恐水病이 옳은 한자표기이다.

정답 문항 수 :　　/ 50개
회　독　수 : ○○○○○

5. ③

③ 중증장애인은 연령제한을 받지 않고, 국회통과안의 경우 부양자녀가 1인 이상이면 근로장려금을 신청할 수 있으므로, 다른 요건들을 모두 충족하고 있다면 B는 근로장려금을 신청할 수 있다.

① 정부제출안보다 국회통과안에 의할 때 근로장려금 신청자격을 갖춘 대상자의 수가 더 늘어날 것이다.

② 정부제출안과 국회통과안 모두 세대원 전원이 소유하고 있는 재산 합계액이 1억 원 미만이어야 한다. A는 소유 재산이 1억 원으로 두 안에 따라 근로장려금을 신청할 수 없다.

④ 정부제출안과 국회통과안 모두 내국인과 혼인한 외국인은 근로장려금 신청이 가능하다.

⑤ 3개월 이상 국민기초생활보장급여 수급자는 근로장려금 신청이 제외된다.

6. ②

뿌리압은 물을 위로 밀어 올리는 힘이라는 것을 확인할 수 있고, 이를 통해 중력의 반대 방향으로 작용하는 것을 알 수 있다.

① 식물의 종류에 따라 기공의 크기가 다르다는 것을 확인할 수 있다.

③ 식물의 광합성에 물이 원료가 된다는 것을 확인할 수 있다.

④ 물 분자들이 사슬처럼 서로 연결되어 있다는 것을 확인할 수 있다.

⑤ 물관 안에서 모세관 현상이 일어난다는 것을 확인할 수 있다.

7. ⑤

증산 작용이 식물이 물을 끌어 올리는 원동력이며 가장 큰 힘이라는 것을 알 수 있다.

① 모세관 현상은 관이 가늘어질수록 물이 올라가는 높이가 높아진다.

② 증산 작용을 통해 수분이 수증기로 증발하면서 주위의 열을 흡수하기 때문에 주변의 온도가 떨어진다.

③ 증산 작용은 식물의 수분이 기공을 통해 빠져 나가며 수증기로 증발하는 것이므로 물의 상태가 바뀐다.

④ 모세관 현상은 물을 위로 밀어 올리며, 증산 작용은 위에서 잡아당기는 힘으로 결합된 물 분자를 위로 끌어 올리고 있다.

8. ③

"해외 업체의 경우에는 주로 불법영업 단속 요청이 많다"는 것은 그래프를 통해 알 수가 없다.

9. ⑤

⑤ '가급적'은 '할 수 있는 대로'의 뜻으로 문맥에 맞지 않기 때문에 '오히려'가 더 적절한 표현이다.

② '검은 색 옷을 입는다'와 '흰색 옷'을 비교할 수 없으므로 '흰색 옷을 입는다'와 비교하여야 한다.

③ '그런데'는 문맥의 흐름상 '그리고'로 수정해야 한다.

④ '공기의 순환은'이 주어이고 '돌다'가 서술어인데, 둘 사이의 호응이 자연스럽지 못하므로 주어를 '공기가'로 고쳐야 한다.

10. ④

B전자는 세계 스마트폰 시장 1등이며, 최근 중저가 폰의 판매량이 40%로 나타났지만 B전자의 주력으로 판매하는 폰이 저가 폰인지는 알 수 없다.

11. ③

증감률 구하는 공식은 $\dfrac{\text{올해 매출} - \text{전년도 매출}}{\text{전년도 매출}} \times 100$이다.

따라서 $\dfrac{362 - 271}{271} \times 100 ≒ 33.6(\%)$

12. ③

2020년 아메리카 국가 수출 상담실적은 271(칠레)＋985(미국)＝1,256이고,

아시아 국가 수출 상담실적은 369(타이완)＋548(인도)＋968(중국)＝1,885이므로

$\dfrac{1,885}{1,256} ≒ 1.5(\text{배})$이다.

13. ⑤

각 노선의 건설비용과 사회적 손실비용을 구하면 다음과 같다.

노선	구분	비용
A	건설비용	$(1.2 \times 1,000) + (0.5 \times 200) + (8.3 \times 100) = 2,130$(억 원)
	사회적 손실비용	$20,000 \times 1,000 = 20,000,000$(원)
B	건설비용	$20 \times 100 = 2,000$(억 원)
	사회적 손실비용	$20,000 \times 1,000 \times 2 = 40,000,000$(원)
C	건설비용	$(0.8 \times 1,000) + (1.5 \times 200) + (12.7 \times 100) = 2,370$(억 원)
	사회적 손실비용	$20,000 \times 1,000 \times 1.5 = 30,000,000$(원)

14. ①

㉠ 논문당 평균 저자 수가 가장 많은 것은 의약학이다.

㉡ 학술지당 평균 저자 수는 인문학<복합학<사회과학 순이다.

㉢ 논문당 평균 저자 수가 4명보다 많고, 논문당 평균 참고문헌 수가 10권을 넘지 않는 것은 농수해양이다.

㉣ 논문당 평균 저자 수가 2명보다 적으며, 논문당 평균 참고문헌 수가 12권 이상으로 사회과학 다음으로 많은 것은 복합학이다.

15. ②

② 2030년 운송정보부가 전체에서 차지하는 비중은 $\dfrac{22.0}{78.1} \times 100 \fallingdotseq 28.2(\%)$

① 운송정보부의 2021년 전년대비 투자액의 증가율은 $\dfrac{13.1-10.9}{10.9} \times 100 \fallingdotseq 20.2(\%)$로 가장 크다.

③ 2030년부터 2040년까지 매년 30%씩 증가하면, 즉 10년간 전년대비 1.3배가 된다면 $1.3^{10} =$ 약 13.8(배)가 된다. 휴먼안전센터의 경우 2040년에 2030년에 비해 약 2배의 금액으로 투자전망이 되었다.

④ 휴먼안전센터의 경우 2020년 대비 2040년에 4배 넘게 증가하여 다른 부서보다 높은 증가율을 보인다.
  ※ 100%(1배) 증가 = 2배, 200%(2배) 증가 = 3배, 50%(0.5배) 증가 = 1.5배

⑤ 전기운용부의 전년대비 증가율은 다음과 같다.

2021년 : $\dfrac{6.5-5.6}{5.6} \times 100 \fallingdotseq 16.1(\%)$

2022년 : $\dfrac{7.3-6.5}{6.5} \times 100 \fallingdotseq 12.3(\%)$

16. ①

거리＝속력×시간

$\dfrac{1}{5} \times 8 = \dfrac{16}{10} = 1.6$

12분간 1.6km를 달렸고, 48분 이내에 8.4km를 달려야 하므로
평균 속력을 a라 하면,

$a \times \dfrac{48}{60} = \dfrac{84}{10}$

$a = \dfrac{84}{8} = \dfrac{21}{2} = \dfrac{105}{10} = 10.5(\text{km})$

17. ②

$$_5C_2 = \frac{5!}{2! \times (5-2)!} = \frac{5 \times 4 \times 3 \times 2 \times 1}{2 \times 1 \times 3 \times 2 \times 1}$$
$$= 10(가지)$$

18. ①

12일째까지 $40 \times 12 = 480$쪽을 읽고, 마지막 날인 13일째에는 최소 1쪽에서 최대 40쪽까지 읽을 수 있으므로 이 책의 쪽수는 481쪽 이상 520쪽 이하이다.

19. ③

㉠ 불량품 체크 전 생산라인 A의 일률 $= \frac{100}{4} = 25$개/시간, B의 일률은 $\frac{100}{2} = 50$개/시간

㉢ 불량률을 감안한 생산일률 A$= 25 \times 0.8 = 20$개/시간, B$= 50 \times 0.9 = 45$개/시간

㉡ A, B를 동시에 가동하면 생산량이 20% 상승한다고 하였으므로 이때의 일률을 구하면 $(20+45) \times 1.2 = 78$개/시간

A를 먼저 32시간 가동했을 때의 생산량$= 20 \times 32 = 640$이고, A, B를 동시에 가동했을 때 $10,000 - 640 = 9,360$개의 정상제품이 만들어 지므로 일률 78을 넣어 시간을 구하면 $\frac{9,360}{78} = 120$(시간)

∴ 처음 32시간과 120시간을 더하면 총 가동시간인 152시간을 구할 수 있다.

20. ②

남자사원의 경우 ㉡, ㉣, ㉤에 의해 다음과 같은 두 가지 경우가 가능하다.

	월요일	화요일	수요일	목요일
경우 1	치호	영호	철호	길호
경우 2	치호	철호	길호	영호

[경우 1]

옥숙은 수요일에 보낼 수 없고, 철호와 영숙은 같이 보낼 수 없으므로 옥숙과 영숙은 수요일에 보낼 수 없다. 또한 영숙은 지숙과 미숙 이후에 보내야 하고, 옥숙은 지숙 이후에 보내야 하므로 조건에 따르면 다음과 같다.

	월요일	화요일	수요일	목요일
남	치호	영호	철호	길호
여	지숙	옥숙	미숙	영숙

[경우 2]

		월요일	화요일	수요일	목요일
	남	치호	철호	길호	영호
경우 2-1	여	미숙	지숙	영숙	옥숙
경우 2-2	여	지숙	미숙	영숙	옥숙
경우 2-3	여	지숙	옥숙	미숙	영숙

문제에서 영호와 옥숙을 같이 보낼 수 없다고 했으므로, [경우 1], [경우 2-1], [경우 2-2]는 해당하지 않는다. 따라서 [경우 2-3]에 의해 목요일에 보내야 하는 남녀사원은 영호와 영숙이다.

21. ⑤

냉수의 부하시간대는 7월 1일부터 8월 31일까지에 속한 기간과 속하지 않은 기간으로 구분되며, 속한 기간은 다시 정해진 시간대로 양분되어 차등 요금이 적용된다. 따라서 사계절로 구분되는 것은 아니다.

22. ①

공동난방비를 고려하지 않으므로 기본요금과 사용요금을 계산하면 다음과 같다.

㉠ A씨

　　기본요금 : $52.40 \times 100 = 5,240$(원)

　　사용요금 : 66.23(동절기)$\times 500 = 33,115$(원)

　　합계 : 38,355원

㉡ B씨

　　기본요금 : 3,822원(0 ~ 1,000Mcal/h)

　　사용요금 : 135.41×200(첨두부하시간)$+104.16 \times 200$(중간부하시간)$= 47,914$(원)

　　합계 : 51,736원

따라서 A씨 요금 합계와 B씨의 요금 합계를 합하면 90,091원이 된다.

23. ①

① 乙과 甲, 乙과 丙이 '동갑' 관계이고 甲과 丙이 '위아래' 관계이므로 甲, 乙, 丙의 관계는 '모호'하다.

24. ④

가팀, 다팀을 연결하는 방법은 2가지가 있는데.
㉠ 가팀과 나팀, 나팀과 다팀 연결 : 3 + 1 = 4시간
㉡ 가팀과 다팀 연결 : 6시간
즉, 1안이 더 적게 걸리므로 4시간이 답이 된다.

25. ②

다팀, 마팀을 연결하는 방법은 2가지가 있는데.
㉠ 다팀과 라팀, 라팀과 마팀 연결 : 3 + 1 = 4시간
㉡ 다팀과 마팀 연결 : 2시간
즉, 2안이 더 적게 걸리므로 2시간이 답이 된다.

26. ⑤

㉠ 그림 ⑷의 경우는 수요량에 맞추어 생산량을 결정하고 있다. 이러한 전략을 사용할 경우 지문의 내용처럼 '수요량에 맞추어 생산량을 변동하려면 노동자와 기계가 쉬거나 초과 근무를 하는 경우가 발생'할 수 있으며, 이 경우 생산 비용이 상승할 수 있다. 만약 이러한 문제만 발생하지 않는다면 ⑷와 같은 방법을 선택할 수 있다.
㉡ ⑷의 전략은 수요량에 따라 생산량을 조정하는 것이기 때문에 만약 수요량을 재고량이나 생산량이 정상적으로 따라가지 못하는 경우에는 ⑷는 제대로 된 전략이 될 수 없다.
㉢ ⑷의 전략은 매번 수요에 따른 생산량을 결정하는 것이기 때문에 수요가 줄어드는 추세에서 가격과 품질 등 다른 조건이 동일한 상품에 대해서 재고관리가 ⑺보다 어렵게 된다.

27. ⑤

출발역이 대화역이라고 했으므로 지현이는 3호선 종점인 대화역에서 출발하여 갈아타는 수고 없이 그대로 옥수역까지 갈 수 있다. 그러므로 갈아타는 횟수는 0이다.

28. ⑤

직원	성공추구 경향성과 실패회피 경향성	성취행동 경향성
A	성공추구 경향성 = $3 \times 0.7 \times 0.2 = 0.42$	$0.42 - 0.24 = 0.18$
	실패회피 경향성 = $1 \times 0.3 \times 0.8 = 0.24$	
B	성공추구 경향성 = $2 \times 0.3 \times 0.7 = 0.42$	$0.42 - 0.21 = 0.21$
	실패회피 경향성 = $1 \times 0.7 \times 0.3 = 0.21$	
C	성공추구 경향성 = $3 \times 0.4 \times 0.7 = 0.84$	$0.84 - 0.36 = 0.48$
	실패회피 경향성 = $2 \times 0.6 \times 0.3 = 0.36$	

29. ①

팀워크 촉진 방법

㉠ 동료 피드백 장려하기

㉡ 갈등 해결하기

㉢ 창의력 조성을 위해 협력하기

㉣ 참여적으로 의사결정하기

30. ①

② 독재자 유형　③ 민주주의 유형　④⑤ 파트너십 유형

31. ②

이 과장은 상대방 측 대표들과 만나서 현재 상황과 이들이 원하는 주장이 무엇인지를 파악한 후 김 실장에게 협상이 가능한 안건을 제시한 것이므로 실질이해 전 단계인 상호이해단계로 볼 수 있다.

※ 협상과정의 5단계

㉠ **협상시작** : 협상 당사자들 사이에 친근감을 쌓고, 간접적인 방법으로 협상 의사를 전달하며 상대방의 협상 의지를 확인하고 협상 진행을 위한 체계를 결정하는 단계이다.

㉡ **상호이해** : 갈등 문제의 진행 상황과 현재의 상황을 점검하고 적극적으로 경청하며 자기주장을 제시한다. 협상을 위한 협상안건을 결정하는 단계이다.

㉢ **실질이해** : 겉으로 주장하는 것과 실제로 원하는 것을 구분하여 실제 원하는 것을 찾아내고 분할과 통합기법을 활용하여 이해관계를 분석하는 단계이다.

㉣ **해결방안** : 협상 안건마다 대안들을 평가하고 개발한 대안들을 평가하며 최선의 대안에 대해 합의하고 선택한 후 선택한 대안 이행을 위한 실행 계획을 수립하는 단계이다.

㉤ **합의문서** : 합의문을 작성하고 합의문의 합의 내용 및 용어 등을 재점검한 후 합의문에 서명하는 단계이다.

32. ④

업무 수행성과를 높이는 방법으로 일을 미루지 않기, 업무 묶어서 처리하기, 다른 사람과 다른 방식으로 일하기, 회사와 팀 업무 지침 따르기, 역할 모델 설정하기 등이 있다.

33. ①

다. 과정과 방법이 아닌 결과에 초점을 맞추어야 한다.

마. 개인의 강점과 능력을 최대한 활용하여야 한다.

바. 팀원 간에 리더십 역할을 공유하며 리더로서의 능력을 발휘할 기회를 제공하여야 한다.

아. 직접적이고 솔직한 대화, 조언 등을 통해 개방적인 의사소통을 하며 상대방의 아이디어를 적극 활용하여야 한다.

※ **효과적인 팀의 핵심적인 특징**
- ㉠ 팀의 사명과 목표를 명확하게 기술한다.
- ㉡ 창조적으로 운영된다.
- ㉢ 결과에 초점을 맞춘다.
- ㉣ 역할과 책임을 명료화시킨다.
- ㉤ 조직화가 잘 되어 있다.
- ㉥ 개인의 강점을 활용한다.
- ㉦ 리더십 역량을 공유하며 구성원 상호 간에 지원을 아끼지 않는다.
- ㉧ 팀 풍토를 발전시킨다.
- ㉨ 의견의 불일치를 건설적으로 해결한다.
- ㉩ 개방적으로 의사소통한다.
- ㉪ 객관적인 결정을 내린다.
- ㉫ 팀 자체의 효과성을 평가한다.

34. ①

목표를 달성하기 위해 노력하는 팀이라면 갈등은 항상 일어나게 마련이다. 갈등은 의견 차이가 생기기 때문에 발생하게 된다. 그러나 이러한 결과가 항상 부정적인 것만은 아니다. 갈등은 새로운 해결책을 만들어 주는 기회를 제공한다. 중요한 것은 갈등에 어떻게 반응하느냐 하는 것이다. 갈등이나 의견의 불일치는 불가피하며 본래부터 좋거나 나쁜 것이 아니라는 점을 인식하는 것이 중요하다. 또한 갈등수준이 적정할 때는 조직 내부적으로 생동감이 넘치고 변화 지향적이며 문제해결 능력이 발휘되며, 그 결과 조직성과는 높아지고 갈등의 순기능이 작용한다.

35. ③

고객의 불평은 서비스를 개선하기 위해 매우 중요한 정보가 된다. 선택지 ①, ②, ④, ⑤의 내용은 고객의 불평에 대해 부정적인 인식을 예방하고 좋은 방안으로 활용하기 위해 꼭 알아야 할 사항들이다.

③ 서 대리와 같이 적극적으로 상담에 임하는 자세를 회사의 가치 왜곡을 바로잡고자 고객에게 항변하는 모습으로 볼 수는 없다.

36. ⑤

위 대화에서 A변호사는 I-Message의 대화스킬을 활용하고 있다. ⑤번은 I-Message가 아닌 You-Message에 대한 설명이다. 상대에게 일방적으로 강요, 공격, 비난하는 느낌을 전달하게 되면 상대는 변명하려 하거나 또는 반감, 저항, 공격성 등을 보이게 된다.

37. ③

문제에서는 내부고객의 개념을 묻고 있다. 내부고객은 자사의 이익 창출을 위한 매개체가 되는 직장상사 또는 부하직원 및 동료 등의 실제적인 조직의 구성원을 의미하는데, 이들은 일선에서 실제 매출을 발생시키는 외부고객들에 대해서 자사의 이미지와 발전가능성을 제시하는 선두에 있는 고객들이다. 하지만, 자사에 대한 이들 내부고객(상사, 종업원 등)의 실망은 고객 서비스의 추락으로 이어지며, 이들을 포함한 외부고객들 또한 자사로부터 등을 돌리게 되는 결과를 초래하게 될 것이다.

38. ②

제시된 글은 비공식 집단에 대한 설명이다.

②는 공식적 집단에 관한 설명이다.

39. ②

경영전략의 추진 과정 ··· 전략목표 설정 → 환경 분석 → 경영전략 도출 → 경영전략 실행 → 평가 및 피드백

40. ②

발신부서는 소프트웨어를 제작하는 팀이므로 연구개발팀이고, 발신부서는 수신부서에게 신제품 개발에 대한 대략적인 내용과 함께 영업 마케팅에 대한 당부를 하고 있으므로 수신부서는 영업팀이 가장 적절하다.

41. ②

자녀학비보조수당은 수업료와 학교운영지원비를 포함하며 입학금은 제외된다고 명시되어 있다.

① 위험근무수당은 위험한 직무에 상시 종사한 직원에게 지급된다.

③ 육아휴직수당은 휴직일로부터 최초 1년 이내에만 지급된다.

⑤ 육아휴직수당은 만 8세 이하의 자녀를 양육하기 위하여 필요한 경우 지급된다.

42. ④

월 급여액이 200만 원이므로 총 지급액은 200만 원의 40퍼센트인 80만 원이며, 이는 50~100만 원 사이의 금액이므로 80만 원의 15퍼센트에 해당하는 금액인 12만 원이 복직 후에 지급된다.

① 3월 1일부로 복직을 하였다면, 6개월을 근무하고 7개월째인 9월에 육아휴직수당 잔여분을 지급받게 된다.

② 육아휴직수당의 총 지급액은 80만 원이다.

③ 복직 후 3개월째에 퇴직을 할 경우, 복직 후 지급받을 15퍼센트가 지급되지 않으며 휴가 중 지급받은 육아휴직수당을 회사에 반환할 의무 규정은 없다.

⑤ 육아휴직수당의 지급대상은 30일 이상 휴직한 남·녀 직원이다.

43. ②

제품의 생산 기술력이 공개되어 있고 특별한 노하우가 필요하지 않다는 점, 브랜드 이미지나 생산업체의 우수성 등이 중요한 마케팅 요소로 작용되지 않는다는 점 등으로 인해 기술적 차별화를 이루기 어려우며, 모든 대중들에게 계층 구분 없이 같은 제품이 보급되어 쓰이고 있는 소모품이라는 점 등으로 인해 일부 특정 시장을 겨냥한 집중화 전략도 적절하다고 볼 수 없다. 이 경우, 원자재 구매력 향상이나 유통 단계 효율화 등을 통한 원가우위 전략이 효과적이라고 볼 수 있다.

44. ④

㈎ 한국금융그룹사, ㈏ 2022년도 우수 직원 해외연수단 편성, ㈐ 5년차 직원 중 희망자, ㈒ 전결이다.

45. ①

외부로부터 강요당한 근면은 억지로 하는 노동과 상사에 의한 잔업이 해당된다.

자진해서 하는 근면은 일정한 목표를 성취하기 위해 노력하는 것이 해당된다.

46. ⑤

사람은 사회적 동물이므로 다른 사람들과의 관계가 매우 중요하다. 이러한 관계를 유지하기 위해서는 다른 사람이 전하는 말이나 행동이 사실과 부합된다는 신뢰가 있어야 한다.

47. ④

한국인들이 중요하게 생각하는 직업윤리 덕목

㉠ 책임감　　　㉡ 성실함
㉢ 정직함　　　㉣ 신뢰성
㉤ 창의성　　　㉥ 협조성
㉦ 청렴성

48. ⑤

직업윤리의 5대 원칙

㉠ **객관성의 원칙** : 업무의 공공성을 바탕으로 공사구분을 명확히 하고, 모든 것을 숨김없이 투명하게 처리하는 원칙
㉡ **고객중심의 원칙** : 고객에 대한 봉사를 최우선으로 생각하고 현장중심, 실천중심으로 일하는 원칙
㉢ **전문성의 원칙** : 자기업무에 전문가로서의 능력과 의식을 가지고 책임을 다하며, 능력을 연마하는 것
㉣ **정직과 신용의 원칙** : 업무와 관련된 모든 것을 숨김없이 정직하게 수행하고, 본분과 약속을 지켜 신뢰를 유지하는 것
㉤ **공정경쟁의 원칙** : 법규를 준수하고, 경쟁원리에 따라 공정하게 행동하는 것

49. ②

걸려 들어온 전화에 회사명, 부서명, 전화 받은 사람의 이름을 밝혀야 한다.

50. ④

영어의 경우에는 대소문자를 명확히 구분해서 표기해야 한다.

1	②	2	④	3	③	4	④	5	①	6	③	7	②	8	②	9	⑤	10	④
11	②	12	②	13	③	14	①	15	①	16	③	17	④	18	④	19	④	20	②
21	④	22	②	23	②	24	③	25	②	26	①	27	②	28	①	29	④	30	④
31	④	32	③	33	④	34	⑤	35	⑤	36	①	37	②	38	②	39	⑤	40	⑤
41	⑤	42	⑤	43	①	44	①	45	④	46	②	47	②	48	④	49	③	50	④

1. ②

구분	토론	토의
정의	특정 주제에 대한 찬성과 반대의 주장을 논하는 과정	특정 문제를 해결하기 위한 다양한 해결방안을 모색하는 과정
목적	각각 찬성과 반대 입장에서 자신의 주장을 받아들이도록 제3자인 청중을 설득함	각자가 가지고 있는 다양한 의견을 개진하고 교환하며 검토함
특성	상호 대립적 · 공격적 · 경쟁적 · 논쟁적	상호 협동적 · 협조적 · 협력적
형식	일정한 형식과 규칙에 따라 발언함	비교적 자유롭게 발언함
효과	문제의 본질에 대한 이해를 높여줌	문제 해결책을 도출함
결과	승패	타협

2. ④

④ 결합(結合) : 둘 이상(以上)이 서로 관계(關係)를 맺고 합치어 하나가 됨
① 대면(對面) : 서로 얼굴을 마주 보고 대함
② 간주(看做) : 그러한 것으로 여김 또는 그렇다고 침
③ 대두(擡頭) : (어떤 현상이) 일어남. 고개를 듦
⑤ 전개(展開) : 열리어 벌어짐 또는 늘여서 폄

3. ③

③ 해독 불능 암호로 평가받은 것은 16세기 프랑스의 비지넬이 고안한 비지넬 암호이다.

4. ④

④ 감각에 의하여 획득한 현상이 마음속에서 재생된 것.

① 적군과 아군을 분간할 수 없는 야간에 아군 여부를 확인하기 위하여 정하여 놓은 말

② 몸짓이나 눈짓 따위로 어떤 의사를 전달하는 일. 또는 그런 동작.

③ 특정한 시스템에 로그인을 할 때에 사용자의 신원을 확인하기 위하여 입력하는 문자열

⑤ 한 단어나 어구에 있는 단어 철자들의 순서를 바꾸어 원래의 의미와 논리적으로 연관이 있는 다른 단어 또는 어구를 만드는 일

5. ①

보기의 약속을 보면 모든 암호문은 전달하고자 하는 본래 문자의 두 번째 뒤의 문자로 바꿔 기록한다고 되어 있으므로 이를 표로 나타내면 다음과 같다.

본래문자	ㄱ	ㄴ	ㄷ	ㄹ	ㅁ	ㅂ	ㅅ	ㅇ	ㅈ	ㅊ	ㅋ	ㅌ	ㅍ	ㅎ	ㅏ	ㅑ	ㅓ	ㅕ	ㅗ	ㅛ	ㅜ	ㅠ	ㅡ	ㅣ
	↓	↓	↓	↓	↓	↓	↓	↓	↓	↓	↓	↓	↓	↓	↓	↓	↓	↓	↓	↓	↓	↓	↓	↓
기록문자	ㄷ	ㄹ	ㅁ	ㅂ	ㅅ	ㅇ	ㅈ	ㅊ	ㅋ	ㅌ	ㅍ	ㅎ	ㄱ	ㄴ	ㅓ	ㅕ	ㅗ	ㅛ	ㅜ	ㅠ	ㅡ	ㅣ	ㅏ	ㅑ

따라서 암호문의 본래 의미는 '집으로 가고 싶다.'로 ①이 정답이다.

6. ③

③ **교각살우** : 소의 뿔을 바로잡으려다가 소를 죽인다는 뜻으로, 잘못된 점을 고치려다가 그 방법이나 정도가 지나쳐 오히려 일을 그르침을 이르는 말
① **개과불린** : 허물을 고침에 인색하지 않음을 이르는 말
② **경거망동** : 경솔하여 생각 없이 망령되게 행동함. 또는 그런 행동
④ **부화뇌동** : 우레 소리에 맞춰 함께 한다는 뜻으로, 자신의 뚜렷한 소신 없이 그저 남이 하는 대로 따라가는 것을 이르는 말
⑤ **낭중지추** : 주머니 속의 송곳이라는 뜻으로, 재능이 뛰어난 사람은 숨어 있어도 저절로 사람들에게 알려짐을 이르는 말

7. ②

② 미성년인 자녀가 3명 이상이므로 신청자격이 있다.
① 가장 높은 점수를 받을 수 있는 배점요소는 '미성년 자녀수'이다.
③ 보금자리주택 특별공급 사전예약에는 청약저축통장이 필요 없다.
④ 배점기준에 따른 총점이 동일하고 미성년 자녀수가 같다면, 가구주의 연령이 많은 자 순으로 선정한다.
⑤ 만 6세 미만 영유아가 2명 이상이므로 추가로 10점을 받을 수 있다.

8. ②

① 이 논쟁의 핵심 쟁점은 정보통신기술 혁명은 맞지만 가전제품을 비롯한 제조분야혁명의 영향력 비교는 쟁점 사안이 아니다.
③ B는 옛것을 과소평가해서도 안 되고 새것을 과대평가해서도 안 된다는 주장으로 볼 때 전면 부정하는 것이 아니라 부분 수용으로 볼 수 있다.
④ A의 통신기술의 영향력은 가전제품의 영향력과 비교될 수 없다는 주장을 보면 올바르지 않음을 알 수 있다.
⑤ B의 세계화의 정도를 결정하는 것은 정치이지 기술력이 아니라는 주장에서 알 수 있듯이 인과의 오류가 아니라 A가 결과에 대한 원인을 잘못 찾고 있다는 논점 일탈을 지적하고 있다.

9. ⑤

밑줄 친 '늘리고'는 '시간이나 기간이 길어지다.'의 뜻으로 쓰였다. 따라서 이와 의미가 동일하게 쓰인 것은 ⑤이다.
① 물체의 넓이, 부피 따위를 본디보다 커지게 하다.
② 살림이 넉넉해지다.
③ 힘이나 기운, 세력 따위가 이전보다 큰 상태가 되다.
④ 재주나 능력 따위가 나아지다.

10. ④

- 丁 인턴은 甲, 乙, 丙 인턴에게 주고 남은 성과급의 1/2보다 70만 원을 더 받았다고 하였으므로, 전체 성과급에서 甲, 乙, 丙 인턴에게 주고 남은 성과급을 x라고 하면, 丁 인턴이 받은 성과급은 $\frac{1}{2}x + 70 = x$ (∵ 마지막에 받은 丁 인턴에게 남은 성과급을 모두 주는 것이 되므로), ∴ $x = 140$이다.
- 丙 인턴은 甲, 乙 인턴에게 주고 남은 성과급의 1/3보다 60만 원을 더 받았다고 하였는데, 여기서 甲, 乙 인턴에게 주고 남은 성과급의 2/3는 丁 인턴이 받은 140만 원 + 丙 인턴이 더 받을 60만 원이 되므로, 丙 인턴이 받은 성과급은 160만 원이다.
- 乙 인턴은 甲 인턴에게 주고 남은 성과급의 1/2보다 10만 원을 더 받았다고 하였는데, 여기서 甲 인턴에게 주고 남은 성과급의 1/2은 丙, 丁 인턴이 받은 300만 원 + 乙 인턴이 더 받을 10만 원이 되므로, 乙 인턴이 받은 성과급은 320만 원이다.
- 甲 인턴은 성과급 총액의 1/3보다 20만 원 더 받았다고 하였는데, 여기서 성과급 총액의 2/3은 乙, 丙, 丁 인턴이 받은 620만 원 + 甲 인턴이 더 받을 20만 원이 되므로, 甲 인턴이 받은 성과급은 340만 원이다.

따라서 네 인턴에게 지급된 성과급 총액은 340 + 320 + 160 + 140 = 960(만 원)이다.

11. ②

자원의 수입은 바다를 통해 배로 들어오게 된다. 따라서 원료들은 제조과정에서 중량 및 부피가 감소하므로 이것을 가공하여 시장으로 보내게 된다.

①④ 알 수 없다.

③ 〈표1〉에서 자원 수입에 대한 자료만 주었을 뿐 우리나라가 원료지향형 공업이라는 어떠한 근거도 찾을 수 없다.

⑤ 자원 수입 의존도가 높다는 것은 해당 자원이 우리나라에 많지 않다는 것이므로 지양하게 되면 사회 전반적으로 문제가 발생할 수 있다.

12. ②

A국 : $(60 \times 15) + (48 \times 37) = 900 + 1{,}776 = 2{,}676$(만 원)

B국 : $(36 \times 15) + (30 \times 35) + (60 \times 2) = 540 + 1{,}050 + 120 = 1{,}710$(만 원)

따라서 $2{,}676 - 1{,}710 = 966$(만 원)이므로, 900만 원 초과 1,000만 원 이하가 정답이 된다.

13. ③

$300g \times 0.05 = 15(g)$ 즉, 300g의 설탕물 안에 15g의 설탕이 녹아 있다는 말이 되므로 10%의 설탕물이 되기 위해서는 $\frac{15}{300-x} = 0.1$이 되어야 한다.

각 항에 $(300-x)$곱하면 $15 = 30 - 0.1x$, $15 = 0.1x$이므로 $x = 150(g)$이 된다.

14. ①

□ADEB의 넓이는 9이고 □BFGC의 넓이가 4이므로, $\overline{AB}$의 길이는 3이고 $\overline{BC}$의 길이는 2이다. 피타고라스의 정리에 의하면 직각삼각형에서 직각을 끼고 있는 두 변의 제곱의 합은 빗변의 길이의 제곱과 같으므로, $\overline{AC}$의 길이를 x라고 할 때, $x^2 = 9 + 4 = 13$이다.

15. ①

거리＝속력×시간이므로, $\frac{1}{5} \times 8 = \frac{16}{10} = 1.6$

12분간 1.6km를 달렸고, 48분 이내에 8.4km를 달려야 하므로 평균 속력을 a라 하면,

$a \times \frac{48}{60} = \frac{84}{10} \rightarrow a = \frac{84}{8} = \frac{21}{2} = \frac{105}{10} = 10.5(\text{km})$

16. ③

A, B, C의 장소를 각각 1대의 차량으로 방문할 시의 수송거리는 $(10+13+12) \times 2 = 70(\text{km})$, 하나의 차량으로 3곳 수요지를 방문하고 차고지로 되돌아오는 경우의 수송거리 $10+5+7+12 = 34(\text{km})$, 그러므로 $70 - 34 = 36(\text{km})$가 된다.

17. ④

㉠ 주어진 기간 동안 강풍 피해금액과 풍랑 피해금액의 합계를 각각 계산하여 비교하기 보다는 소거법을 이용하여 비교하는 것이 좋다. 비슷한 크기의 값들을 서로 비교하여 소거한 뒤 남은 값들의 크기를 비교해주는 것으로 2017년 강풍과 2018년 풍랑 피해금액이 70억 원으로 동일하고 2013, 2014, 2016년 강풍 피해금액의 합 244억 원과 2017년 풍랑 피해금액 241억 원이 비슷하다. 또한 2015, 2020년 강풍 피해금액의 합 336억 원과 2015년 풍랑 피해금액 331억 원이 비슷하다. 이 값들을 소거한 뒤 남은 값들을 비교해보면 강풍 피해금액의 합계가 풍랑 피해금액의 합계보다 더 작다는 것을 알 수 있다.

㉡ 2020년 태풍 피해금액이 2020년 5개 자연재해 유형 전체 피해금액의 90% 이상이라는 것은 즉, 태풍을 제외한 나머지 4개 유형 피해금액의 합이 전체 피해금액의 10% 미만이라는 것을 의미한다. 2020년 태풍을 제외한 나머지 4개 유형 피해금액의 합을 계산하면 전체 피해금액의 10% 밖에 미치지 못함을 알 수 있다.

㉢ 피해금액이 매년 10억 원보다 큰 자연재해 유형은 호우, 대설이 있다.

㉣ 피해금액이 큰 자연재해 유형부터 순서대로 나열하면 2018년 호우, 태풍, 대설, 풍랑, 강풍이며 이 순서는 2019년의 순서와 동일하다.

18. ④

㉠ 성수기 일반요금이 500, 350, 300, 250, 200인데 성수기 무기명 할인율이 각각 30, 25, 20, 15, 10%이다. 증가율이 가장 작은 300에서 350도 15%가 넘는데 할인율 차이는 각각 5%p에 불과하므로 할인 후 요금 순위는 변하지 않는다.

㉡ B 리조트 회원요금 중 가장 높은 값 : $350 - 350 \times 0.25 = 262,500$

회원요금 중 가장 낮은 값 : $250 - 250 \times 0.45 = 137,500$

$262,500 - 137,500 = 125,000$

㉢ 일반요금의 차이가 가장 큰 A 리조트의 경우를 보면

비수기 요금 : $300 - 300 \times 0.5 = 150$

성수기 요금 : $500 - 500 \times 0.35 = 325$

두 배 이상이 차이가 난다.

㉣ 리조트 A ~ E를 볼 때 비수기 기명 할인율과 무기명 할인율의 차이는 5%p와 10%p가 존재하는데 비수기 일반요금이 가장 싼 E가 5%p 차이이다.

E 리조트는 성수기 일반요금이 가장 싸고 성수기 기명 할인율과 무기명 할인율의 차이도 5%p로 가장 작은 편에 속하므로 성수기 기명 회원요금과 무기명 회원요금의 차이도 가장 작다.

19. ④

현수막을 제작하기 위해서는 라, 다, 마가 선행되어야 한다. 따라서 세미나 기본계획 수립(2일) + 세미나 발표자 선정(1일) + 세미나 장소 선정(3일) = 최소한 6일이 소요된다.

20. ②

각 작업에 걸리는 시간을 모두 더하면 총 11일이다.

21. ④

조건 2에서 출발역은 청량리이고, 문제에서 도착역은 인천역으로 명시되어 있고 환승 없이 1호선만을 활용한다고 되어 있으므로 청량리~서울역(1,250원), 서울역~구로역(200원 추가), 구로역~인천역(300원 추가)을 모두 더한 값이 수인이와 혜인이의 목적지까지의 편도 운임이 된다. 그러므로 두 사람 당 각각 운임을 계산하면, 1,250+200+300=1,750원(1인당)이 된다. 역의 수는 청량리역~인천역까지 모두 더하면 37개 역이 된다.

22. ②

보완적 평가방식은 각 상표에 있어 어떤 속성의 약점을 다른 속성의 강점에 의해 보완하여 전반적인 평가를 내리는 방식을 의미한다. 한 가지 예로서 비행기의 경우 속성별 평가점수가 4, 4, 7, 9점이며, 각 속성이 평가에서 차지하는 중요도는 20, 30, 40, 50이므로, 이러한 가중치를 각 속성별 평가점수에 곱한 후에 이를 모두 더하면 930이 된다. 이러한 방식으로 계산하면 그 결과는 아래와 같다.

- 비행기 : $(20 \times 4) + (30 \times 4) + (40 \times 7) + (50 \times 9) = 930$
- 기차 : $(20 \times 5) + (30 \times 4) + (40 \times 5) + (50 \times 8) = 820$
- 고속버스 : $(20 \times 4) + (30 \times 5) + (40 \times 7) + (50 \times 5) = 760$
- 승용차 : $(20 \times 3) + (30 \times 7) + (40 \times 8) + (50 \times 6) = 890$

그러므로 정원이는 가장 높은 값이 나온 비행기를 교통운송 수단으로 선택하게 된다.

23. ②

- 보기1에 의하면 ㉠과 ㉣이 주변인과 대화하기 또는 시위 · 집회 참여하기 중 하나임을 알 수 있다.
- 또한 보기2에 의하면 ㉠, ㉡, ㉢ 중 서명운동 참여하기와 주변인과 대화하기가 해당됨을 알 수 있다. 따라서 ㉡이 서명운동 참여하기임을 확인할 수 있다.
- 보기3에서는 ㉢과 ㉣이 시위 · 집회 참여하기 또는 불매운동 참여하기 중 하나임을 의미하고 있으므로 보기1과 함께 판단했을 때, ㉢이 시위 · 집회 참여하기, ㉣이 불매운동 참여하기가 되며 이에 따라 ㉠은 주변인과 대화하기가 된다.

24. ③

③ 丙이 2번 자리에 앉을 경우, 丁은 햇빛 알레르기가 있어 1번 자리에 앉을 수 없으므로 3, 4, 5번 중 한 자리에 앉아야 하며, 丙과 성격이 서로 잘 맞지 않는 戊는 4, 5번 중 한 자리에 앉아야 한다. 이 경우 성격이 서로 잘 맞은 甲과 乙이 떨어지게 되므로 최상의 업무 효과를 낼 수 있는 배치가 되기 위해서는 丙은 2번 자리에 앉을 수 없다.

① 창문 － 戊 － 乙 － 甲 － 丙 － 丁 순으로 배치할 경우 甲은 3번 자리에 앉을 수 있다.

② 창문 － 戊 － 丁 － 丙 － 甲 － 乙 순으로 배치할 경우 乙은 5번 자리에 앉을 수 있다.

④ 丁이 3번 자리에 앉을 경우, 甲과 성격이 서로 잘 맞는 乙, 丙 중 한 명은 甲과 떨어지게 되므로 최상의 업무 효과를 낼 수 있는 배치가 되기 위해서는 丁은 3번 자리에 앉을 수 없다.

⑤ 戊가 2번 자리에 앉을 경우, 丁은 햇빛 알레르기가 있어 1번 자리에 앉을 수 없으므로 3, 4, 5번 중 한 자리에 앉아야 하는데, 그러면 甲과 성격이 서로 잘 맞는 乙, 丙 중 한 명은 甲과 떨어지게 되므로 최상의 업무 효과를 낼 수 있는 배치가 되기 위해서는 戊는 2번 자리에 앉을 수 없다.

25. ②

중국집 : $90 \times 15 - 0.3 \times 15 \times 100 = 900$

한식집 : $100 \times 12 - 0.2 \times 12 \times 100 = 960$

분식집 : $80 \times 15 - 0.15 \times 15 \times 100 = 975$

편의점 : $70 \times 18 - 0.2 \times 18 \times 100 = 900$

영어학원 : $80 \times 18 - 0.3 \times 18 \times 100 = 900$

태권도학원 : $90 \times 12 - 0.1 \times 12 \times 100 = 960$

분식집의 효용이 가장 높고, 한식집과 태권도학원이 960으로 같다. 음식점 2개를 입주시킬 경우 20만원의 효용이 추가로 발생하므로 분식집과 한식집을 입주시킨다.

26. ①

㉠ 갑 : 가중치가 가장 높은 브랜드명성이 가장 좋게 평가된 A 브랜드 제품을 선택한다.

㉡ 을 : 각 제품의 속성을 가중치에 따라 평가하면 다음과 같다.

　　　A : $10(0.4) + 4(0.3) + 8(0.2) + 9(0.1) = 4 + 1.2 + 1.6 + 0.9 = 7.7$

　　　B : $7(0.4) + 8(0.3) + 6(0.2) + 6(0.1) = 2.8 + 2.4 + 1.2 + 0.6 = 7$

　　　C : $7(0.4) + 5(0.3) + 7(0.2) + 3(0.1) = 2.8 + 1.5 + 1.4 + 0.3 = 6$

　　　∴ A 브랜드 제품을 선택한다.

㉢ 병 : 모든 속성이 4점 이상인 A, B 브랜드 중 디자인 점수가 더 높은 A 브랜드 제품을 선택한다.

27. ②

㉠ : 태풍경보 표를 보면 알 수 있다. 비가 270mm이고 풍속 26m/s에 해당하는 경우는 태풍경보 2급이다.

㉡ : 6시간 강우량이 130mm 이상 예상되므로 호우경보에 해당하며, 산지의 경우 순간풍속 28m/s 이상이 예상되므로 강풍주의보에 해당한다.

28. ①

갈등을 성공적으로 해결하기 위한 방안의 하나로, 내성적이거나 자신을 표현하는 데 서투른 팀원을 격려해주는 것이 중요하며, 이해된 부분을 검토하고 누가 옳고 그른지에 대해 논쟁하는 일은 피하는 것이 좋다.

29. ④

리더는 변화를 두려워하지 않아야 하며 리스크를 극복할 자질을 키워야 한다. 위험을 감수해야 할 이유가 합리적이고, 목표가 실현가능한 것이라면 직원들은 기꺼이 변화를 향해 나아갈 것이며 위험을 선택한 자신에게 자긍심을 가지며 좋은 결과를 이끌어내고자 지속적으로 노력할 것이다.

30. ④

성공적으로 운영되는 팀은 의견의 불일치를 바로바로 해소하고 방해요소를 미리 없애 혼란의 내분을 방지한다.

31. ④

최 사장은 공장장 교체 요구를 철회시켜 자신에게 믿음을 보여 준 직원을 계속 유지시킬 수 있었고, 노조 측은 처우 개선과 임금 인상 요구를 관철시켰으므로 'win-win'하였다고 볼 수 있다. 통합형은 협력형(collaborating)이라고도 하는데, 자신은 물론 상대방에 대한 관심이 모두 높은 경우로서 '나도 이기고 너도 이기는 방법(win-win)'을 말한다. 이 방법은 문제해결을 위하여 서로 간에 정보를 교환하면서 모두의 목표를 달성할 수 있는 해법을 찾는다. 아울러 서로의 차이를 인정하고 배려하는 신뢰감과 공개적인 대화를 필요로 한다. 통합형이 가장 바람직한 갈등해결 유형이라 할 수 있다.

32. ③

고객만족 측정 과정에서 발생하는 오류의 형태
㉠ 고객이 원하는 것을 알고 있다고 생각함
㉡ 적절한 측정 프로세스 없이 조사를 시작함
㉢ 비전문가로부터 도움을 얻음
㉣ 포괄적인 가치만을 질문함
㉤ 중요도 척도를 오용함
㉥ 모든 고객들이 동일한 수준의 서비스를 원하고 필요하다고 가정함

33. ④

첫 번째 유형은 타협형, 두 번째 유형은 통합형을 말한다. 갈등의 해결에 있어서 문제를 근본적·본질적으로 해결하는 것이 가장 좋다. 통합형 갈등해결 방법에서의 '윈윈(Win-Win) 관리법'은 서로가 원하는 바를 얻을 수 있기 때문에 성공적인 업무관계를 유지하는 데 매우 효과적이다.

34. ⑤

OJT는 종업원이 업무에 대한 기술 및 지식을 현업에 종사하면서 감독자의 지휘 하에 훈련받는 현장실무 중심의 교육훈련 방식이므로 각 종업원의 습득 및 능력에 맞춰 훈련할 수 있으며, 상사 또는 동료 간의 이해 및 협조정신을 높일 수 있다는 이점이 있다.

35. ⑤

VOC로 인해 환자 측의 불편사항 등을 접수하여 성공적으로 반영해 좋은 결과가 나오게 되면 병원은 그들과의 관계유지를 더욱 더 돈독히 할 수 있게 된다.

36. ①

조직은 목적과 목표를 가지고 있으며, 이를 달성하기 위해 다양한 조직구조를 사용한다. 이렇게 조직이 형성되고 발전되면 조직구성원들이 공유하는 가치관, 신념, 규범 등의 조직문화가 형성되게 된다. 또한 조직의 효율성을 높이기 위해서 규칙과 규정을 제정하고 업무를 분화한다. 본 문항은 한 조직의 구성원으로서 조직의 구조와 목적, 체제 구성요소, 규칙, 규정 등 자신이 속한 조직의 체제를 제대로 이해하고 있는지에 대해 묻는 문항이다.

※ **조직체제 구성요소**

ㄱ **조직목표** : 조직이 달성하려는 장래의 상태로 조직이 존재하는 정당성과 합법성을 제공한다. 전체 조직의 성과, 자원, 시장, 인력개발, 혁신과 변화, 생산성에 대한 목표가 포함된다.

ㄴ **조직구조** : 조직 내의 부문 사이에 형성된 관계로 조직목표를 달성하기 위한 조직구성원들의 상호작용을 보여준다. 조직구조는 결정권의 집중정도, 명령계통, 최고경영자의 통제, 규칙과 규제의 정도에 따라 달라지며 구성원들의 업무나 권한이 분명하게 정의된 기계적 조직과 의사결정권이 하부구성원들에게 많이 위임되고 업무가 고정적이지 않은 유기적 조직으로 구분될 수 있다. 조직의 구성은 조직도를 통해 쉽게 파악할 수 있는데, 이는 구성원들의 임무, 수행하는 과업, 일하는 장소 등을 파악하는데 용이하다.

ㄷ **조직문화** : 조직이 지속되게 되면서 조직구성원들 간에 공유되는 생활양식이나 가치로 조직구성원들의 사고와 행동에 영향을 미치며 일체감과 정체성을 부여하고 조직이 안정적으로 유지되게 한다. 최근 조직문화에 대한 중요성이 부각되면서 긍정적인 방향으로 조성하기 위한 경영층의 노력이 이루어지고 있다.

ㄹ **조직의 규칙과 규정** : 조직의 목표나 전략에 따라 수립되어 조직구성원들의 활동범위를 제약하고 일관성을 부여하는 기능을 하는 것으로 인사규정, 총무규정, 회계규정 등이 있다. 특히 조직이 구성원들의 행동을 관리하기 위하여 규칙이나 절차에 의존하고 있는 공식화 정도에 따라 조직의 구조가 결정되기도 한다.

37. ②

① 기획부　③ 자금부　④ 인사부　⑤ 영업부

※ **총무부의 주요 업무**

　㉠ 문서 및 직인관리

　㉡ 주주총회 및 이사회개최 관련 업무

　㉢ 의전 및 비서업무

　㉣ 사무실 임차 및 관리

　㉤ 차량 및 통신시설의 운영

　㉥ 국내외 출장 업무 협조

　㉦ 사내외 행사 관련 업무(경조사 포함)

　㉧ 기타 타부서에 속하지 않는 업무 등

38. ②

브레인스토밍 기법은 아이디어의 질보다 양에 초점을 맞춘 것으로서 집단 구성원들은 즉각적으로 생각나는 아이디어를 제시할 수 있으며, 그로 인해 브레인스토밍은 다량의 아이디어를 도출해낼 수 있다. 또한, 구성원들은 자신이 가지고 있던 기존 아이디어를 개선해 더욱 더 발전된 형태의 아이디어를 창출할 수 있는데, 이는 다른 사람의 의견을 참고해서 창의적으로 조합할 수 있기 때문이다.

39. ⑤

㉢ 노동조합의 기능이 다양하게 확대됨에 따라 근로자의 경영참가를 자연스럽게 받아들일 수밖에 없는 사회 전반적인 분위기 확산도 경영참가제도의 발전 배경으로 볼 수 있다.

㉥ 노사 양측의 조직규모는 지속적으로 거대화 되었으며, 이에 따른 사회적 책임이 증대되었고 노사관계가 국민경제에 미치는 영향이 커짐으로 인해 분쟁을 가능한 한 회피하고 평화적으로 해결하기 위한 필요성도 경영참가제도를 발전시킨 배경으로 볼 수 있다.

㉣ 기술혁신은 인력의 절감효과를 가져와 격렬한 노사분쟁을 유발하고 생산성 향상에 오히려 역효과를 초래하게 되어, 결국 이러한 문제 해결을 위해 노사 간의 충분한 대화가 필요해지며 이런 대화의 장을 마련하기 위한 방안으로 경영참가제도가 발전하였다고 볼 수 있다.

40. ⑤

경영전략을 수립하고 각종 경영정보를 수집/분석하는 업무를 하는 기획팀에서 요구되는 자질은 재무/회계/경제/경영 지식, 창의력, 분석력, 전략적 사고 등이다.

41. ⑤

지원본부의 역할은 생산이나 영업 등 자체의 활동보다 출장이나 교육 등 타 팀이나 전사 공통의 업무 활동에 있어 해당 조직 자체적인 역량으로 해결하기 어렵거나 곤란한 업무를 원활히 지원해 주는 일이 주된 업무 내용이 된다.

제시된 팀은 지원본부(기획, 총무, 인사/교육, 홍보/광고), 사업본부(마케팅, 영업, 영업관리), 생산본부(생산관리, 생산기술, 연구개발) 등으로 구분하여 볼 수 있다.

42. ⑤

㉠ "팔은 안으로 굽는다는 속담이 있듯이, 직장 내에서도 활용된다."는 공과 사를 구분하지 못한 것으로 올바른 직업윤리라고 볼 수 없다.

43. ①

통상적으로 직위를 모르는 면접관을 지칭할 때는 "면접위원님"이 무난하고 직위 뒤에는 "님"자를 사용한다.

※ **경어의 구분**

  ㉠ **겸양어** : 상대나 화제의 인물에 대해서 경의를 표하기 위해 사람에게 관계가 되는 자신의 행위나 또는 동작 등을 낮추어서 하는 말을 의미한다.

    • 저희, 저희들, 우리들

    • 기다리실 줄 알았는데…

    • 설명해 드리겠습니다.

    • 여쭈어 본다, 모시고 간다, 말씀 드린다.

  ㉡ **존경어** : 상대나 화제의 인물에 대해서 경의를 표하기 위해 그 사람의 행위나 또는 동작 등을 높여서 하는 말을 의미한다.

    • 안녕하세요(×) ⇒ 안녕하십니까(○)

    • 사용하세요(×) ⇒ 사용하십시오(○)

  ㉢ **공손어** : 상대방에게 공손한 마음을 표현할 때나 자신의 품위를 지키기 위하여 사용하는 말이다.

44. ①

100만 원 이하 외부교육비의 기안서는 부장 전결, 지출결의서는 이사 전결사항이다. 따라서 A씨가 작성할 결재 양식은 다음과 같다.

기안서					
결재	담당	팀장	부장	이사	최종결재
	A		전결	/	

지출결의서					
결재	담딩	딤장	부장	이사	최종결재
	A			전결	

45. ④

출장비는 100만 원 이하인 경우에만 전결처리 할 수 있으므로 H씨는 최종적으로 사장에게 결재 받아야 한다.

46. ②

전화걸기

• 전화를 걸기 전에 먼저 준비를 한다. 정보를 얻기 위해 전화를 하는 경우라면 얻고자 하는 내용을 미리 메모하도록 한다.
• 전화를 건 이유를 숙지하고 이와 관련하여 대화를 나눌 수 있도록 준비한다.
• 전화는 정상적인 업무가 이루어지고 있는 근무 시간에 걸도록 한다.
• 당신이 통화를 원하는 상대와 통화할 수 없을 경우에 대비하여 비서나 다른 사람에게 메시지를 남길 수 있도록 준비한다.
• 전화는 직접 걸도록 한다.
• 전화를 해달라는 메시지를 받았다면 가능한 한 48시간 안에 답해주도록 한다.

47. ②

Jeep류의 차종인 경우(문이 2개)에는 운전석의 옆자리가 상석이 된다.

48. ④

자신의 감정을 솔직히 표현한 내용이 정직함에 가장 잘 어울린다.

49. ③

㉠ '긍지와 자부심을 갖고'는 소명 의식을 의미한다.

㉡ 홀랜드의 직업 흥미 유형은 실재적 유형이다.

㉢ 직업의 경제적 의의보다 개인적 의의를 중요시하고 있다.

㉣ 항공기 정비원은 한국 표준 직업 분류 중 기능원 및 관련 기능 종사자에 해당한다.

50. ④

성실하면 사회생활을 하는데 있어서 바보 소리를 듣고, 실패하기 쉽다는 말은 잘못된 내용이다. 성공한 사람은 모두 성실하게 일을 한 사람들이다.

당신의 꿈은 뭔가요?

MY BUCKET LIST !

꿈은 목표를 향해 가는 길에 필요한 휴식과 같아요.

여기에 당신의 소중한 위시리스트를 적어보세요. 하나하나 적다보면 어느새 기분도

좋아지고 다시 달리는 힘을 얻게 될 거예요.

창의적인 사람이 되기 위해서

정보가 넘치는 요즘, 모두들 창의적인 사람을 찾죠.
정보의 더미에서 평범한 것을 비범하게 만드는 마법의 손이 필요합니다.
어떻게 해야 마법의 손과 같은 '창의성'을 가질 수 있을까요. 여러분께만 알려 드릴게요!

01. 생각나는 모든 것을 적어 보세요.

아이디어는 단번에 솟아나는 것이 아니죠. 원하는 것이나, 새로 알게 된 레시피나, 뭐든 좋아요.
떠오르는 생각을 모두 적어 보세요.

02. '잘하고 싶어!'가 아니라 '잘하고 있다!'라고 생각하세요.

누구나 자신을 다그치곤 합니다. 잘해야 해. 잘하고 싶어.
그럴 때는 고개를 세 번 젓고 나서 외치세요. '나, 잘하고 있다!'

03. 새로운 것을 시도해 보세요.

신선한 아이디어는 새로운 곳에서 떠오르죠. 처음 가는 장소, 다양한 장르에 음악, 나와 다른 분야의 사람.
익숙하지 않은 신선한 것들을 찾아서 탐험해 보세요.

04. 남들에게 보여 주세요.

독특한 아이디어라도 혼자 가지고 있다면 키워 내기 어렵죠.
최대한 많은 사람들과 함께 정보를 나누며 아이디어를 발전시키세요.

05. 잠시만 쉬세요.

생각을 계속 하다보면 한쪽으로 치우치기 쉬워요. 25분 생각했다면 5분은 쉬어 주세요.
휴식도 창의성을 키워 주는 중요한 요소랍니다.